AF493594

CRITIQUE ET CONSÉQUENCE

DES

PRINCIPES DE 1789

Lb 56. 1601

DU MÊME AUTEUR

Les races humaines et leur part dans la civilisation.

Traité d'éducation physique et morale.

IMPRIMERIE L. TOINON ET Cᵉ, A SAINT-GERMAIN

CRITIQUE ET CONSÉQUENCE

DES

PRINCIPES DE 1789

DEPOT LEGAL
Seine et Oise
N° 355
1866

PAR

Le Docteur CLAVEL

PARIS
LIBRAIRIE DES SCIENCES SOCIALES
NOIROT ET Cie, LIBRAIRES ÉDITEURS
13, RUE DES SAINTS-PÈRES, 13

1866

CRITIQUE ET CONSÉQUENCE

DES

PRINCIPES DE 1789

LIVRE PREMIER

I

DOCTRINE

Quand on suit l'évolution des sociétés à travers l'histoire, une chose frappe et étonne l'esprit, c'est la persistance avec laquelle l'individu est sacrifié à la cité, bien que l'unique objet de la cité paraisse devoir être la prospérité de l'individu. La terrible loi de salut public fait tout fléchir devant elle : la morale comme le droit, la justice comme la liberté, l'amour comme le bon sens ; elle semble frapper les esprits de vertige et leur faire oublier les lois élémentaires du bien. De nos jours, encore, les historiens admirent fort les hommes qui contribuent à la grandeur de leur patrie au prix de la violence, de la duplicité et de toutes les immoralités qu'amène la guerre ou la diplomatie. Un Ulysse, accumulant les vols et les fourberies pour donner la victoire à ses compatriotes, a pour célébrer ses hauts faits le plus grand des poëtes et pour admirateurs les hommes lettrés de toutes les époques. On admire de même un Thémistocle, faussant sa foi d'ambassadeur et trompant impudemment les gens de Sparte ; un Brutus, rétablissant la discipline au prix de la tête de ses fils ; une ville de Rome, fondant sa grandeur sur la violence et la perfidie. Le grand Platon, le moraliste, le promoteur d'un idéal de beauté, de vérité et de justice, fait concourir le vice à la grandeur de sa cité imaginaire. Le grand Aristote, l'auteur de l'*Éthique* et de la *Politique*, fait de l'esclave un agent nécessaire de la civilisation. S'il avait poussé la notion de justice et de liberté jusqu'à l'abolition de l'esclavage, les fortes têtes de l'Attique l'auraient tenu pour fou et lui auraient conseillé l'usage de l'ellébore.

Rien n'est terrible pour les idées qui découlent de la logique comme les hommes prêts à repousser, au nom du sens commun, les choses contraires aux préjugés de leur époque. C'est au nom du sens commun qu'on a fait boire la ciguë à Socrate, qu'on a exilé Aristote à Chalcis, qu'on a crucifié le Christ, qu'on a persécuté Galilée et la plupart des promoteurs d'idées nouvelles.

Par quelle aberration, des philosophes de premier ordre, des moralistes et des législateurs peuvent-ils croire que l'on fait du bien public avec du vice, de l'injustice et de la violence? Comment peuvent-ils penser que l'on agrandit la cité en amoindrissant les individus qui composent la cité? Ce fait est aussi difficile à expliquer que l'obstination des peuples à tuer le meurtrier pour bien faire comprendre à tous que le meurtre est le plus grand des crimes. La coutume et la tradition ont sur les âmes une influence telle que, de nos jours encore, les hommes qui prétendent appliquer les lois de la logique aux faits concernant la morale, la politique ou l'économie sociale, risquent fort d'encourir l'indignation de leurs contemporains et de passer en prison une partie de leur vie.

Que l'antiquité, cherchant *à priori* la théorie de la société, comme elle cherchait toute chose, ait prétendu façonner l'individu aux besoins de la cité, il n'y a là rien d'illogique; mais que l'on ait agi et pensé de même après la venue du Christ et après la propagation de ses doctrines, voilà ce qui est plus difficile à comprendre. Le fait irrécusable montre cependant que les directeurs du christianisme, après avoir déclaré les hommes égaux et frères, après leur avoir prescrit la bienveillance réciproque et la charité, après avoir exalté les petits au détriment des grands, les pauvres au détriment des riches, et les humbles au détriment des orgueilleux, se sont peu souciés d'abolir l'esclavage, le servage et le prolétariat. Les Constantin et les Théodose ne furent que des fauteurs de servitude ; les rois très-catholiques de l'Espagne, du Portugal ou de la France ne crurent jamais qu'il fût moral et juste d'affranchir les serfs de leurs royaumes ou d'empêcher la traite des nègres dans leurs colonies.

Si le christianisme modifia la société antique, il

fut modifié par elle : la vieille loi de salut public devint la loi du salut de l'Église, qui, se considérant comme la cité de Dieu, ne se fit aucun scrupule d'acquérir la puissance au détriment de ses principes. Le pape se substitua à l'empereur, le droit divin fut le principe de la souveraineté, les successeurs des apôtres devinrent princes et seigneurs, enfin l'égalité et la fraternité prêchées par le maître se transformèrent en privilégès et en hostilités. Une fois faussées, les révélations ne se redressent pas, et les prétentions de la réforme protestante ne sont guère justifiées par les faits. Hier encore, les ministres chrétiens des États-Unis du Sud faisaient de gros livres pour montrer que l'esclavage est une institution divine et chrétienne.

C'est ailleurs qu'il faut chercher l'origine du mouvement social montrant chaque jour davantage combien la prospérité de l'individu est nécessaire à la prospérité de la cité, et combien la liberté, le droit et la justice sont indispensables au bien public. Une puissance s'est élevée qui a le merveilleux privilége de s'imposer sitôt qu'elle apparaît, de s'emparer de l'âme des peuples par la seule force de l'évidence, de fonder sa domination sur la vérité, de progresser en dépit des obstacles accumulés sur sa route et de subir impunément toutes les persécutions sans les rendre jamais. Telle est la science. Longtemps maintenue en servitude par la révélation, elle cherche son affranchissement dans le grand effort de la renaissance. Galilée, Bacon et Descartes lui montrent la voie; elle brave les bûchers de l'inquisition et l'institution des jésuites; elle grandit avec chaque génération, et, dès la fin du XVIIIe siècle, entrevoit sa future domination sur le genre humain. A cette heure, elle est partout un élément de force et de prospérité, tandis que sa rivale, frappée d'impuissance, porte la désorganisation dans tous les lieux où elle domine.

Et cependant, cette science qui opère tant de merveilles, est encore bien jeune et bien débile. A la fin du XVIIIe siècle, elle ne possède réellement, après les mathématiques et ce qui en dérive plus directement, comme l'astronomie et la dynamique, qu'une physique fort incomplète, qu'une chimie élémentaire et qu'une biologie inhabile à classer la multitude des faits observés. La connaissance de l'homme, malgré les travaux de quelques grands médecins et naturalistes, se trouve incapable d'enlever la psychologie, la morale, le droit, la politique et l'économie sociale, qui toutes se déduisent les unes des autres, aux hypothèses métaphysiques. Il ne faut donc pas s'étonner si, vers la fin du XVIIIe siècle, la morale arrachée des mains de la révélation par Voltaire et les encyclopédistes, est un art plutôt qu'une science, une opinion généralisée plutôt qu'un enchaînement de lois élucidées par la démonstration. Ce qui domine le courant des idées, c'est le mot humanité, c'est un respect général et instinctif pour la personne, c'est une horreur pour tout ce qui est violence ou tyrannie. Le sens du juste fait que des hommes se dévouent, aux applaudissements du public, à flétrir et à redresser quelques jugements iniques.

Ce fut surtout en France que se concentra le mouvement de rénovation, parce que le peuple français est, plus qu'un autre, capable de se passionner pour l'idéal, et parce qu'il a dans sa langue un merveilleux instrument de formules. Une assemblée composée des élus du peuple chercha, en 1791, à condenser en quelques articles les principes qui, depuis 1789, ou plutôt qui, depuis un demi-siècle, s'élaboraient au sein de la nation. L'on vit se produire, en tête de la constitution, la célèbre Déclaration des droits de l'homme et du citoyen, qui, partant de la morale de ce temps, cherche à en introduire les principes dans la justice, la législation et la politique, sans tenir compte d'aucun intérêt de religion, de caste, de classe et même de nation, sans avoir d'autre mobile que la prospérité générale de l'humanité.

Aucun document historique ne résume aussi fidèlement que la déclaration des droits de l'homme et du citoyen le courant moral et politique du XVIIIe siècle, aucun ne montre mieux où doit aboutir la révolution qui commence avec la renaissance.

II

DÉCLARATION DES DROITS DE L'HOMME ET DU CITOYEN

Article premier. — Tous les hommes ont un penchant invincible vers la recherche du bonheur; c'est pour y parvenir, par la réunion de leurs efforts, qu'ils ont formé les sociétés et établi les gouvernements. Tout gouvernement doit donc avoir pour but la félicité publique.

Art. 2. — Les conséquences qui résultent de cette vérité sont que le gouvernement existe pour l'intérêt de ceux qui sont gouvernés et non de ceux qui gouvernent; qu'aucune fonction publique ne peut être considérée comme la propriété de ceux qui l'exercent; que le principe de toute souveraineté réside dans la nation, et que nul corps, nul individu ne peut avoir une autorité qui n'en émane expressément.

Art. 3. — La nature a fait les hommes libres et égaux en droits ; les distinctions sociales doivent donc être fondées sur l'utilité commune.

Art. 4. — Les hommes, pour être heureux, doivent avoir le libre et entier exercice de toutes leurs facultés physiques et morales.

Art. 5. — Pour s'assurer le libre et entier exercice de ses facultés, chaque homme doit reconnaître et faciliter dans ses semblables le libre exercice des leurs.

Art. 6. — De cet accord exprès ou tacite résulte entre les hommes la double relation des droits et des devoirs.

Art. 7. — Le droit de chacun consiste dans l'exercice de ses facultés, limité uniquement par le droit semblable dont jouissent les autres individus.

Art. 8. — Le devoir de chacun consiste à respecter le droit d'autrui.

Art. 9. — Le gouvernement, pour procurer la félicité générale, doit donc protéger les droits et prescrire les devoirs. Il ne doit mettre au libre exercice des facultés humaines d'autres limites que celles qui sont évidemment nécessaires pour en assurer la jouissance à tous les citoyens, et empêcher les actions nuisibles à la société. Il doit surtout garantir les droits imprescriptibles qui appartiennent à tous les hommes, tels que la liberté personnelle, la propriété, la sûreté, le soin de son honneur et de sa vie, la libre communication de sa pensée et la résistance à l'oppression.

Art. 10. — C'est par des lois claires, précises et uniformes pour tous les citoyens, que les droits doivent être protégés, les devoirs tracés et les actions nuisibles punies.

Art. 11. — Les citoyens ne peuvent être soumis à d'autres lois qu'à celles qu'ils ont librement consenties par eux ou par leurs représentants; et c'est dans ce sens que la loi doit être l'expression de la volonté générale.

Art. 12. — Tout ce qui n'est pas défendu par la loi est permis, et nul ne peut être contraint à faire ce qu'elle n'ordonne pas.

Art. 13. — Jamais la loi ne peut être invoquée pour des faits antérieurs à sa publication; et, si elle était rendue pour déterminer le jugement des faits antérieurs, elle serait oppressive et tyrannique.

Art. 14. — Pour prévenir le despotisme et assurer l'empire de la loi, les pouvoirs législatif, exécutif et judiciaire doivent être distincts. Leur réunion dans les mêmes mains mettrait ceux qui en seraient dépositaires au-dessus de toutes les lois, et leur permettrait d'y substituer leurs volontés.

Art. 15. — Tous les individus doivent pouvoir recourir aux lois, et y trouver de prompts secours pour tous les torts ou injures qu'ils auraient soufferts dans leurs biens ou dans leurs personnes, ou pour les obstacles qu'ils éprouveraient dans l'exercice de leur liberté.

Art. 16. — Il est permis à tout homme de repousser la force par la force, à moins qu'elle ne soit employée en vertu de la loi.

Art. 17. — Nul ne peut être arrêté ou emprisonné qu'en vertu de la loi, avec les formes qu'elle a prescrites, et dans les cas qu'elle a prévus.

Art. 18. — Aucun homme ne peut être jugé que dans le ressort assigné par la loi.

Art. 19. — Les peines ne doivent point être arbitraires, mais déterminées par les lois, et elles doivent être absolument semblables pour tous les citoyens, quels que soient leur rang et leur fortune.

Art. 20. — Chaque membre de la société ayant droit à la protection de l'État, doit concourir à sa prospérité et contribuer aux frais nécessaires, dans la proportion de ses biens, sans que nul puisse prétendre aucune faveur ou exemption, quel que soit son rang ou son emploi.

Art. 21. — Aucun homme ne peut être inquiété pour ses opinions religieuses, pourvu qu'il se conforme aux lois et ne trouble pas le culte public.

Art. 22. — Tous les hommes ont le droit de quitter l'État dans lequel ils sont nés, et de choisir une autre patrie, en renonçant aux droits attachés dans la première à leur qualité de citoyen.

Art. 23. — La liberté de la presse est le plus ferme appui de la liberté publique. Les lois doivent la maintenir en la conciliant avec les moyens propres à assurer la punition de ceux qui pourraient en abuser pour répandre des discours séditieux ou des calomnies contre les particuliers.

Déclarer ainsi en face de la France et du monde entier que l'être humain, quels que soient sa race, son sexe, son âge, son rang ou sa fortune, possède une force, une virtualité qui lui assure, sous le nom de droit, *l'exercice de ses facultés*, déclarer que les hommes sont libres et égaux en droits, déclarer que le gouvernement existe dans l'intérêt de ceux qui sont gouvernés et non de ceux qui gouvernent, déclarer que nul individu ne peut avoir autorité qu'en vertu d'un mandat décerné par la nation, c'était renverser les fondements des vieilles sociétés, c'était abolir les anciennes servitudes et les priviléges des classes ou des castes, c'était détruire le droit divin. A ce titre, les principes de la révolution française mettent la fin du XVIIIe siècle au premier rang parmi les époques d'affranchissement.

On comprend l'enthousiasme que provoqua un pareil progrès ; mais le temps est venu d'examiner pourquoi de si belles espérances furent suivies de tant de déceptions.

On se demande, en premier lieu, pourquoi les pères de la révolution française ont enfermé leurs doctrines dans les limites de la secte d'Épicure, considérant le bonheur comme le but de la vie humaine et de l'action du gouvernement ? Faire ainsi de la félicité individuelle et collective l'objet de la morale et de la politique, c'est aboutir à la décadence qu'engendre invariablement le culte de la volupté. Le plaisir peut diriger les actions de l'homme comme celles des animaux, en indiquant d'une façon instinctive ce qui profite et ce qui nuit; mais s'il est un moyen de la morale, il ne saurait en être la fin ; au-dessus de lui se trouve quelque chose de plus vaste et de plus complet, c'est la grandeur de l'humanité. La progression indéfinie de la vie humaine ne contient pas seulement le bon, qui comprend à la fois l'utile et l'agréable, elle contient encore le vrai, le beau et le juste, dont le droit est la manifestation. Et que l'on n'accumule pas les sophismes pour démontrer que la vérité, la beauté et la justice sont partout et toujours des éléments de bonheur. Depuis trois mille ans, elles ne s'affirment qu'en subissant une somme énorme de tortures, de persécutions et de malheurs. Elles persistent cependant, et montrent ainsi que chacune a sa vitalité propre et que chacune est un élément de la vie sociale. S'il en était autrement, comment les hommes les plus éminents de chaque époque leur auraient-ils sacrifié leur bonheur et leur auraient-ils montré une si grande préférence? Concluons que les sociétés ont pour mission de conduire les hommes à la grandeur, en propageant parmi eux le vrai, le beau et le juste autant que le bon.

Dans l'article 2, qui attribue la souveraineté exclusivement à la nation, se trouve une inconséquence; car l'individu ne peut avoir des droits inaliénables et imprescriptibles sans être souverain. Comment, en effet, caractériser l'état d'un homme qui naît maître de sa liberté, maître de ses facultés, maître de sa vie, qui ne peut subir aucune servitude ou spoliation autrement que par violence? comment appeler cette situation, sinon souveraineté? Il est vrai que cette dernière est limitée à la personne, et que chacun ne peut l'exercer que sur soi-même; mais la nation, qui est impuissante à aliéner ou à prescrire le droit du plus infime des citoyens, n'est-elle pas dans une situation toute pareille.

Sa souveraineté, en définitive, se caractérise dans les droits nationaux, comme la souveraineté individuelle se caractérise dans les droits de l'individu. Comprendre autrement les choses, c'est introduire dans les idées une confusion déplorable et rendre la justice impossible.

Une lacune se trouve dans l'article 8, définissant

le devoir *l'obligation de respecter le droit d'autrui.* Si le droit est l'exercice de toutes les facultés, le devoir ne consiste pas seulement à respecter cet exercice, autrement dit à ne lui apporter volontairement aucun obstacle, il consiste encore à le favoriser et à lui venir en aide, sinon le devoir n'est pas la mutualité ou réciprocité du droit et le mot de société perd sa signification. Le christianisme avait mieux compris le devoir en le doublant de charité et en lui imposant l'obligation de protéger et de servir le prochain. Mieux avait fait le mahométisme en prescrivant le secours au coreligionnaire; mieux fit le peuple dans ses chansons en demandant *du pain pour ses frères.* C'est la fausse notion du devoir qui a fait l'égoïsme individuel et national, le chacun chez soi, chacun pour soi, la dureté du cœur et la misère de toutes les époques.

La grande lacune dans la déclaration des droits, c'est l'omission de tous les principes qui concernent l'état économique des peuples et la propriété. Rien, à cet égard, n'est déterminé ou défini; les rapports du capital et du travail, de l'homme et de l'instrument de la production, de la circulation et de la consommation ne sont pas même indiqués. On dirait que les pères de la Révolution oublient que l'homme ne vit pas seulement d'idées, et qu'en temps de crise, les lois économiques favorisant la production du pain sont le complément des institutions politiques procurant la liberté.

Nous adresserons un dernier mais capital reproche à la déclaration des droits, c'est d'avoir défini la loi *l'expression de la volonté générale.* Le germe de cette définition est dans la souveraineté attribuée exclusivement à la nation. Une première erreur en a engendré une seconde. Cette manière de comprendre la loi est une erreur, en effet, et de plus une inconséquence, car si les droits sont inaliénables et imprescriptibles, la volonté générale ne peut, en aucune façon, les modifier, les changer ou les altérer. Il faut en conclure que leurs lois ne relèvent, comme les lois morales, physiques, chimiques ou mathématiques, que de la force des choses. Il est vrai que cette force, pour devenir loi, doit être constatée par la raison et formulée par la science; mais autre chose est la volonté d'un peuple, autre chose est sa raison. Ce que l'on constate n'est nullement ce que l'on obtient par un acte de volonté, car un enfant peut constater que le chiffre 2 multiplié par lui-même donne 4 pour produit, tandis que l'effort de l'humanité entière ne pourrait faire que ce produit devînt 5.

Dans une déclaration de principes, toute erreur ou lacune a des conséquences graves : il ne faut donc pas s'étonner si les omissions et contradictions qui viennent d'être signalées, et qui tenaient à l'insuffisance de la science de l'homme, imprimèrent une fausse direction au mouvement social. En mettant la souveraineté exclusivement dans la nation et dans ses représentants, on leur donnait tout pouvoir sur les individus; en faisant de la loi sociale non plus les rapports nécessaires que la morale exige des hommes entre eux, mais l'expression de la volonté générale, la société devenait forcément une association, dont un contrat, convention ou constitution émanant des mandataires du peuple, devait être la formule. Du moment où la volonté générale put faire et défaire la constitution et les lois, celles-ci perdirent aux yeux des peuples le caractère de nécessité et de justice absolue qu'elles auraient dû obtenir dans une science sociale; au lieu d'être supérieures aux partis, elles leur furent subordonnées, elles devinrent des armes de guerre et des éléments de proscription, elles s'écartèrent tellement des notions les plus simples de la justice qu'un homme de bien put s'écrier, en sa qualité de législateur : *La loi que vous venez de voter est infâme, et je jure de lui désobéir*. Que de maux et de tyrannies une pareille protestation fait pressentir !

Osons dire que les directeurs de la révolution française méconnurent la signification véritable de la loi, du droit et de la justice. Leur erreur vint de l'insuffisance de la science contemporaine et de l'impossibilité où ils étaient de connaître exactement les facultés morales de l'homme et la souveraineté individuelle qui en dérive. Infatués des idées de Rousseau, ils firent de son *Contrat social* leur évangile politique. Après avoir proclamé les droits de l'homme, ils les nièrent en prétendant faire des représentants du peuple autant de législateurs ; et comme la logique du mal et de l'erreur est aussi inflexible que la logique de la vérité et du bien, un ministre de la justice osa déclarer en face de la nation que les massacres de septembre étaient légitimes, du moment où ils étaient approuvés par le peuple et ses représentants. Quant aux prisonniers égorgés, ils avaient entraîné dans leur tombe les droits inaliénables de l'homme et du citoyen.

On n'aperçoit plus, dès lors, dans les actes de la Révolution, qu'une série de contradictions appelant nécessairement le règne de la force. Un homme d'action s'empara du pouvoir et se hâta de transformer la France en machine de guerre. La Révolution avait déclarés inaliénables les droits des peuples comme ceux des individus, et la France se hâta de violer, par la conquête, tous les droits reconnus par elle; l'abolition des castes, des classes et des priviléges avait été prononcée, et une nouvelle féodalité vint remplacer l'ancienne. Des lambeaux de la société détruite viennent incessamment se coudre aux déchirures de la société actuelle, qui se croit brillante parce qu'elle couvre de galons son vêtement rapiécé. Les malheurs n'étaient pas loin : ils étaient prédits par des hommes sachant que jamais on ne viole impunément les lois de l'éternelle justice, que le conquérant sera conquis, que l'oppresseur sera opprimé, que le spoliateur sera dépouillé, que le méfait national est voué à une expiation plus certaine que le méfait de l'individu. Mais ces prophètes de malheur partageaient le sort dévolu aux Cassandres de toutes les époques : on les raillait, on les traitait d'idéologues, on leur opposait les chiffres d'un riche budget et d'une armée colossale, choses positives entre toutes. A courte échéance, la France conquérante fut conquise, la France spoliatrice fut dépouillée, la France orgueilleuse fut humiliée, ses méfaits lui furent rendus avec usure; elle subit cette honte suprême de remettre ses destinées dans les mains d'une famille qu'elle avait expulsée comme indigne et que l'étranger lui ramenait.

Il ne faut pas s'étonner si une nation tant éprouvée se montra incapable de reprendre la véritable tradition de 1789, et se crut obligée d'emprunter à autrui les éléments de constitutions qui préparèrent trois révolutions en trente-trois ans. De principes véritables, il n'en existait plus : il y avait antagonisme dans les idées comme dans les intérêts, les mots *droit* et *liberté* se comprenaient de dix manières différentes, condamnés qu'ils étaient à devenir des armes pour les partis. On peut affirmer hautement, à cette heure, que la France, si elle veut reprendre la tradition de son glorieux passé et éviter l'abîme où la conduit le culte des intérêts matériels et de la volupté, doit recommencer, à la fin du XIXe siècle, le travail moral et politique du XVIIIe. Elle trouvera dans les progrès réalisés par la science de puissants auxiliaires, elle pourra rectifier sa première déclaration de principes, enfin elle pourra, grâce à l'expérience du passé, éviter les malheurs où elle fut entraînée par une fausse appréciation des forces capitales de la société.

III

DU CONTRAT SOCIAL

Parmi les idées qui empêchent énergiquement le développement des hommes et des nations, il faut placer celle qui fait considérer la société comme le résultat d'un contrat.

Le mot de contrat suppose que ses auteurs acceptent volontairement des obligations compensées par certains avantages : ils unissent leurs forces en vue d'actes définis et déterminés, mais ils ne peuvent être solidaires dans l'action sans le devenir dans la responsabilité. Du moment où ils sont responsables, ils ne sauraient contracter que dans les limites de leur liberté, la responsabilité cessant avec les actes ou les faits qui sont supérieurs à la volonté. Il en résulte que des obligations primordiales naturelles ou forcées ne sauraient devenir l'objet d'une convention, supérieures qu'elles sont à la liberté humaine.

Si l'on peut contracter seulement dans la latitude de sa liberté, celle-ci donne évidemment la faculté de s'abstenir, car elle est antérieure et supérieure au contrat. La même supériorité est acquise aux droits inaliénables et imprescriptibles, car ils ne sauraient figurer dans un contrat sans être aliénés ou prescrits. Ajoutons enfin que les hommes associés dans un contrat fait librement peuvent toujours, du consentement général, annuler l'acte d'association qui ne peut avoir, en aucun cas, le caractère de la permanence.

Faire de la société une association, par le moyen d'un contrat, c'est laisser en dehors tous ceux qui refusent de signer, tous les enfants, tous les mineurs, tous les incapables, tous ceux qui sont hors d'état de contracter ; c'est se mettre en contradiction avec les faits montrant que l'enfant, même avant sa naissance, que l'incapable et que l'aliéné lui-même font partie de la cité. Est-il une seule société permettant à l'homme de répudier la loi de son pays sous prétexte qu'il n'a pas signé au contrat ? est-il possible d'attacher un droit social à la qualité d'homme sans voir que celui-ci fait partie de la cité, en vertu d'une force qui tient à son être et qui domine un acte d'association quel qu'il soit ? est-il possible de méconnaître que le premier des droits de l'être social est le droit à la société?

La conclusion est qu'il y a incompatibilité radicale entre l'idée de droit inaliénable et celle de contrat social; aussi ce dernier est-il considéré comme fictif, même par ses partisans. Dire comment on peut admettre que les faits palpables et nécessaires de la société reposent sur une fiction, quand le moindre des autres faits repose sur une réalité n'est pas chose facile; mais l'histoire de l'esprit humain est pleine de pareilles contradictions. Le nombre est grand des gens qui nient la réalité de la société et la considèrent comme une abstraction.

Ils ne peuvent nier cependant qu'une société nettement définie ne soit composée d'individus, et que ces derniers ne soient palpables et corporels

Veut-on prétendre maintenant qu'un homme est une réalité, mais qu'un million d'hommes est une abstraction ? Autant vaudrait dire qu'un moellon est réel et que le mur où il est assemblé par l'art du maçon rentre parmi les choses abstraites.

Mais pourquoi accumuler les hypothèses quan la réalité, étudiée de mille façons par l'histoire, nous montre la cité se formant alors que l'homme pourrait encore être compté parmi les bêtes, et lorsqu'il ignore complétement ce que peut être un contrat. Des forces organiques déterminent la formation des sociétés humaines comme elles déterminent la formation de la ruche ou de la fourmilière, indépendamment de toute convention ; et, de même que l'abeille obéit aux lois de son être en travaillant à la prospérité de son essaim, de même le citoyen obéit aux lois de son être en travaillant à la prospérité de sa nation : il suit l'instinct social qui représente une sorte de conspiration générale de ses facultés. Il est vrai que cet instinct varie avec les races, les temps, les lieux et le degré de civilisation, ce qui produit des variétés infinies dans les cités ; mais si l'espèce humaine est une, malgré la pluralité des races qu'elle contient, pourquoi n'en serait-il pas de même pour la société, malgré les modifications qu'elle présente ? Quand elle naît du concours de quelques sauvages, elle est nécessairement fort simple, et son existence ressemble à celle de l'enfant à la mamelle. Mais, à mesure qu'elle agrandit la vie de ses membres, elle travaille à son propre agrandissement et le jour arrive où elle est tenue de faire la part du droit, du savoir et de la liberté dont elle a produit l'exaltation. On comprend alors que la science montre la loi sociale et fasse l'hygiène de la société, comme elle fait l'hygiène du corps humain ; on comprend que des citoyens placés en face de la vérité prennent l'engagement d'en observer les prescriptions, comme firent les Athéniens sous Solon et les Lacédémoniens sous Lycurgue ; mais des modifications apportées à la société diffèrent singulièrement de la force formatrice. Il est même remarquable que jamais les sociétés modifiées brusquement par une constitution, n'ont la longévité de celles qui se modifient peu à peu et sous l'impulsion continue du principe formateur.

Est-ce à dire maintenant qu'en déniant au contrat le pouvoir de former la société nous repoussions le principe d'association et ses immenses bienfaits? Loin de nous un pareil blasphème; nous nous contentons d'affirmer que le contrat et l'association ne peuvent agir en dehors de la liberté et de la responsabilité humaines.

IV

CARACTÈRES DE LA SOCIÉTÉ

Dire que l'être humain indépendamment de toute convention, contrat ou association, apporte en naissant le droit à la cité, dire que celle-ci résulte d'une réunion d'hommes groupés et reliés les uns aux autres par une force organique, dire ensuite que la société est une réalité palpable et corporelle, c'est affirmer qu'elle fait partie des êtres organisés. Du moment où elle est un organisme vivant, les hommes qui contribuent à la former sont nécessairement ses organes, et ceux qui méconnaissent les lois inflexibles de la logique reculent seuls devant de pareilles conséquences. Il est vrai qu'une telle doctrine est grosse de discussions et que les hommes qui méconnaissent les lois de la vie et considèrent l'individu comme le *roi de la création* se résigneront difficilement à voir en lui l'organe d'un être supérieur. Peu importe, du reste, la série des raisonnements métaphysiques faits ou à faire contre cette opinion ; savoir si elle est conforme ou contraire aux faits est la seule chose que nous voulons rechercher. Les gens qui considèrent la société comme une association peuvent, s'ils sont dans le vrai, nous défier de trouver une faculté sociale qui ne soit apparente et réelle dans l'individu, car l'association peut centupler les forces en les coalisant, mais sans changer jamais leur caractère, tandis que les organes ne sauraient se combiner en organismes sans faire naître des facultés nouvelles. Les partisans du contrat social et de l'association étant dans le faux, la société étant un organisme vivant, elle doit avoir des facultés que l'individu ne possède pas, sinon en puissance, exactement comme la fibre et la cellule nerveuse ont en puissance les facultés du cerveau, ou comme les organes du corps humain recèlent les facultés de l'homme, ou même comme les corps simples recèlent les propriétés des corps composés. Toutes ces forces restent à l'état latent, à moins qu'elles ne surgissent de la combinaison chimique ou organique.

Or, quand on analyse les forces générales de la société, on trouve en premier lieu le langage, qu'il faut considérer comme le père de la science, de l'art et de la civilisation tout entière. La surdité congéniale permet de constater journellement les aptitudes de l'individu pour la parole; et il se trouve que l'enfant, le mieux doué d'ailleurs, s'il n'est initié, par l'oreille ou autrement, à une langue sociale, ne produit que des cris inarticulés et très-analogues à ceux d'un macaque. S'il en était autrement, si chaque individu en naissant apportait une faculté de linguistique, il est manifeste qu'il n'y aurait qu'une langue ou que chaque race ne pourrait apprendre que la sienne. De ce que l'individu livré entièrement à ses forces est incapable d'avoir un langage même rudimentaire, on peut en déduire que les membres de l'espèce humaine pourraient vivre à l'état d'isolement et se succéder pendant des milliers de siècles sans produire cette chose merveilleuse que l'on nomme une langue. L'histoire montre, au contraire, qu'une société naissante se met à parler sans se douter de ce que peut être un substantif, un verbe ou un adjectif. Elle parle comme chante le pâtre qui ne sait pas seulement s'il existe des notes de musique. Au début, les langues sont puériles, elles passent ensuite à l'adolescence, à la virilité et même à la décrépitude avec l'organisme d'où elles procèdent.

En présence de pareils faits on est obligé de faire du langage le produit d'un enseignement divin ou de l'attribuer aux facultés d'un être supérieur et vivant, car jamais fonction organique n'a pu procéder d'autre chose que d'un organisme. Cet être supérieur et vivant se montre précisément dans la société, qui dans ses variétés explique les langues diverses; tandis que l'enseignement divin n'admettrait qu'une seule langue, ce qui est tout à fait contraire aux affirmations des linguistes.

Si on analyse les conditions de la science, on voit, en premier lieu, qu'elle dérive directement du langage, que nous savons être un fait social. Ajoutons qu'elle est impossible si les connaissances acquises ne peuvent se capitaliser et échapper aux interruptions que produit la mort dans la vie individuelle, que l'individu ne saurait la contenir dans son ensemble et que nul père ne saurait la transmettre entière à ses enfants. Elle est cependant un fait de vie et résulte nécessairement des facultés d'un être vivant pour lequel la naissance et la mort de l'individu représentent la nutrition organique, l'acte par lequel les molécules saines et neuves remplacent dans le corps humain les molécules altérées. En trois ou quatre ans, les atomes qui composent le cerveau peuvent être résorbés et remplacés par d'autres, un organe nouveau a été composé de toutes pièces, et cependant les fonctions cérébrales n'ont pas été altérées un seul instant ; de même la société peut se renouveler en entier dans l'espace d'un siècle, sans qu'il y ait interruption dans le langage ou la science.

Après ces fonctions sociales nous pourrions analyser successivement l'art, l'industrie, le commerce, etc., que l'individu est impuissant à produire à l'état d'isolement. Son impuissance à l'état d'association n'est pas moins manifeste. Depuis longues années, des linguistes éminents se sont associés avec la prétention de faire une langue universelle ; ils ont à leur disposition les matériaux accumulés par toutes les grammaires, ils ont un grand savoir et la sympathie du public, et non-seulement ils ne peuvent faire une langue, mais il leur est impossible de rien ajouter ou de rien retrancher à celles qui existent. Quelle est la réunion de savants qui pourra jamais se flatter de contenir la science, la réunion d'artistes qui pourra se flatter de contenir l'art, ou la réunion d'industriels qui pourra se flatter de contenir l'industrie? Ne voyons-nous pas, au contraire la langue faire violence aux prétentions de l'Académie française, la science faire violence aux prétentions de l'Institut, le commerce et l'industrie faire violence aux compagnies? Il est dans la loi des choses que jamais les forces individuelles associées ou coalisées ne puissent vaincre les forces sociales, et il faut grandement s'en applaudir, car si l'individu pouvait jamais devenir le maître, ses mesquines et folles passions détruiraient ce qu'il y a de plus éminent dans l'humanité.

Après toutes ces preuves positives de l'existence d'une société organique et vivante, il est bon de donner les preuves négatives et de montrer que, au moment où meurt une société, on voit mourir sa langue, sa science, son art et ses forces économiques. Ce fut en effet le spectacle que présenta la fin des sociétés médique, égyptienne, grecque, romaine, etc. Les individus qui les composaient survivaient par millions, se groupaient et s'associaien de leur mieux pour s'entr'aider. Mais la sociét était morte, et morte fut la langue, malgré une admirable littérature conservée dans les livres et le corporations savantes, malgré l'enseignement qu en est fait encore de nos jours; morte fut la science mort fut l'art, morte fut l'économie générale, e tout cela dut renaître dans des organismes nouveaux.

En face de faits pareils, nous croyons difficile d nier que les corps et les âmes de l'espèce humain arrivent à une vie supérieure dans le vaste organisme que représente la société. La naissance individuelle est dès lors un fait de nutrition, comme l mort est un fait d'élimination. Quand l'arbre tombe la forêt persiste, ainsi fait la prairie quand le bri d'herbe est desséché. De la mort naît l'éternell transformation ; quant à l'anéantissement, les naturalistes savent qu'il n'existe pas ; l'acte est aussi indestructible que le grain de sable, et qui dit réalit dit éternité.

Les facultés supérieures qui résultent de la vi collective n'appartiennent pas uniquement à l'es pèce humaine, elles apparaissent à tous les degrés de l'échelle animale du moment où des individus se combinent en organisme.

La ruche déploie une série de forces et de talents qu'on ne saurait retrouver chez l'abeille, même à l'état élémentaire; des sociétés de poissons et d'oiseaux sont douées de prévoyance, d'instinct défensif, de besoins de migration et d'art de se conduire dont les individus isolés sont dépourvus; les républiques de castors déploient dans les constructions sur pilotis un art dont on ne retrouve pas la moindre trace dans l'animal vivant à l'état d'isolement. Il ne faut donc pas douter, en face d'une pareille série de faits, que la vie collective n'ait ses lois, comme la vie individuelle, et que l'organisation sociale de l'homme et des animaux n'ouvre prochainement une vaste carrière aux travaux des naturalistes.

V

DE L'ORGANISME SOCIAL

Admettre que la société est un organisme, c'est la soumettre d'avance aux lois des êtres organisés qui sont forts ou faibles, sains ou malades, obligés de naître, de grandir, de décroître et de mourir. Ici les faits servent encore de preuve, car l'histoire nous fait assister à la naissance, à l'adolescence, à la virilité, à la décrépitude et à la mort des nations. Certaines ne dépassent pas l'enfance, d'autres succombent en pleine virilité, d'autres encore traînent une vieillesse misérable et s'absorbent en des puérilités séniles. L'Asie est la patrie de ces nations décrépites qui ne peuvent plus vivre et ne savent pas mourir. En Europe elles meurent adultes, en Afrique et en Amérique elles n'ont guère jusqu'ici dépassé l'adolescence. Des morts prématurées supposent des maladies altérant les tempéraments et rendant les nations incapables de soutenir la lutte ou la concurrence vitale. Quelle est la nature et l'origine de ces maladies sociales ? Est-il possible de les prévenir par une sage hygiène, ou de les guérir par la thérapeutique? Questions insolubles tant que le vaste organisme qui se nomme nation n'aura pas été soumis à l'anatomie et à la physiologie qui, toujours, doivent précéder la pathologie et la thérapeutique.

Bien des hommes, depuis la fin du siècle dernier, ont constaté les lacunes laissées par la révolution française dans les doctrines politiques et économiques; des travaux remarquables n'ont cessé de se produire avec l'intention manifeste de concilier les intérêts matériels de l'homme avec ses intérêts moraux, la richesse avec l'honnêteté. Un effort incessant a cherché, surtout en France, à soustraire la production des richesses aux cruelles nécessités que Malthus a décrites et à montrer que la prospérité des nations, loin de condamner les classes inférieures de la société à la misère et à la mort, peut admettre leur bien-être physique et moral.

Si des tentatives aussi louables n'ont pas été suivies de succès, malgré le talent déployé par Fourier, Auguste Comte, Proudhon et autres, la faute en est surtout à la manière dont ces socialistes éminents ont envisagé la société. Du moment où ils la considéraient comme une association dont les statuts peuvent varier avec la volonté des sociétaires, ils se mettaient dans l'impossibilité d'arriver à la véritable loi et aux rapports nécessaires qu'elle établit entre la politique et l'économie sociale. Ils arrivaient à la série des contradictions décrites par Proudhon qui finissait par les considérer comme naturelles. La propriété et la justice ont été l'objet de travaux considérables et nul n'a pu concilier leurs conditions respectives ; il en est de même du droit et de la liberté, de l'individu et de l'État, l'antagonisme persiste où devrait se montrer l'accord.

Deux doctrines sont en présence à cette heure : l'une qui, selon la tradition antique de l'autorité et du droit divin, subordonne l'individu à l'État ; l'autre qui subordonne l'État à l'individu. La première a ses racines dans le catholicisme, la seconde s'appuie surtout sur le protestantisme ; l'une s'incarne dans la race néo-latine, l'autre dans la race germanique et scandinave ; celle-là s'est affirmée dans la centralisation monarchique, et celle-ci s'est affirmée dans la diffusion féodale. Toutes deux renferment évidemment une portion de la vérité, sans cela elles n'auraient pas conduit les nations pendant une série de siècles; toutes deux renferment une part d'erreurs qu'il faut attribuer à l'exagération de principes nés d'un antagonisme séculaire, sans cela l'une ou l'autre aurait pris la direction exclusive des peuples civilisés.

Après la révolution française, il est inutile de montrer les vices du droit divin, du principe autoritaire, de la subordination de l'individu à l'État, de l'extrême centralisation, etc. L'impossibilité où se trouve le saint-siége de se maintenir, la décadence de toutes les monarchies et les concessions faites par elles à la liberté, sont une démonstration suffisante. Mais ce qu'il faut démontrer, ce sont les erreurs du principe individualiste qui revendique le monopole de la liberté, et obtient ainsi la faveur de l'opinion. Son premier tort est de ne reconnaître que la personne individuelle. En méconnaissant les organismes, famille, commune, province et État qui sont des personnes sociales et souveraines au même titre que l'individu, il se trouve dans l'impossibilité de faire la part de chacun et d'organiser les pouvoirs, il ne peut établir de gradation ou de hiérarchie entre le citoyen et l'État. Pour que ce dernier ne puisse aspirer à la tyrannie, on le subordonne à l'individu dont la liberté est le seul mobile social.

Peu importe que cette liberté fasse surgir des antagonismes et des conflits, que le fort opprime le faible, que le fourbe dupe le sincère, que le fripon s'empare du bien de l'honnête homme, chacun doit s'ingénier pour se défendre et pour triompher dans la-lutte. L'ordre naît de la bataille, les fonctions sociales naissent de l'initiative individuelle, la loi représente la volonté des majorités dont les intérêts finissent toujours par triompher.

Du moment où l'on considère l'initiative individuelle comme le mobile social par excellence, il faut bien admettre que les institutions et les lois sont le résultat d'une convention entre individus, et que les majorités ont le droit de changer la législation et la forme des gouvernements, que l'association peut se dissoudre comme elle s'est formée, et que les nations peuvent se partager en autant de fractions qu'il plaît aux citoyens. Et ceci n'est pas un principe exagéré jusqu'à l'absurde ; la Suisse fédérale a failli se partager en deux parties en 1847 ; les États-Unis ont été menacés d'une scission pareille en 1863, et le mobile invoqué a toujours été la liberté des dissidents.

Dans l'ordre économique les mêmes faits anarchiques se représentent. Sous prétexte de liberté, on voit se former des corporations, des coalitions, des compagnies, des exploitations qui ne sont en définitive qu'une série de moyens d'opprimer le producteur et le consommateur. Le faible et le malhabile sont voués dès lors à la faim, à la misère et à la mort; à celui qui ne peut nourrir une femme, le mariage est interdit, force lui est de demander au vice des amours stériles; à l'homme marié qui ne peut nourrir que sa femme, il est interdit d'avoir des enfants, sous peine de les voir mourir de faim.

Chez une nation ainsi constituée, la liberté des uns aboutit, chez les autres, à l'épouvantable servitude de l'ignorance, du vice et de la dégradation. Le paupérisme est hideux, la criminalité est effrayante, mais la puissance de ceux qui triomphent dans la bataille de la vie ne saurait être niée. Chaque père veut donner à ses fils un corps et un caractère de fer, chaque mère enseigne à ses filles comment on conquiert l'époux qui donne le luxe et sait nourrir ses enfants, S'enrichir, gagner de l'argent, devient la grande affaire, parce que la richesse est le principe de toute gloire, tandis que la pauvreté est le principe de toute humiliation. Il ne faut donc pas s'étonner si l'honneur et la probité sont abandonnés sur la route comme un bagage inutile; mais il ne faut pas s'étonner non plus si le fils de la révolution française, si le libre penseur déclare entachée de barbarie une société où l'homme n'a droit ni au pain, ni à l'instruction, ni à la moralité.

Pour éviter les misères sociales qui tiennent à l'exagération, soit du principe d'autorité ou de droit divin, soit du principe de liberté ou d'initiative individuelle, il faut admettre avec l'un que la société est un fait primordial et organique dont les lois échappent à la volonté humaine, aussi bien que es rapports de l'individu avec les organismes famille, commune, province et État, qu'il y a des fonctions sociales auxquelles l'initiative individuelle ne peut atteindre, entachée qu'elle est d'égoïsme et de faiblesse, enfin que la souveraineté individuelle ne peut, en aucun cas, porter atteinte à la souveraineté collective ni la remplacer. Avec l'autre principe il faut admettre qu'un être raisonnable et libre est son propre souverain. Cette souveraineté suppose des droits inaliénables et imprescriptibles qui échappent à l'action de l'État, et que nul, à moins de crime, ne peut aliéner ou prescrire ; elle suppose encore que l'individu a l'exercice de toutes ses facultés et l'initiative de tous les actes que demande sa vie; elle suppose enfin que chaque citoyen, sous sa propre responsabilité, peut agir, se déplacer, parler, écrire, s'associer, etc., sans que personne ait mission d'intervenir, tant qu'il ne porte pas atteinte à la loi sociale.

Cette loi, du moment où la société n'est plus une association, mais un organisme, ne saurait être considérée comme l'expression de la volonté générale, elle reprend la signification que lui attribue la science, elle fait suite à l'histoire naturelle, elle représente les rapports nécessaires des hommes, elle est la formule biologique des nations. Le soin de la découvrir n'appartient plus à une assemblée de législateurs, mais à la science, c'est-à-dire à l'humanité entière, et, une fois découverte, la loi sociale doit s'imposer aux générations comme s'imposent les lois physiques ou chimiques, par la toute-puissance de la vérité.

Avec cette loi, qui réalisera les diverses formes du bien, du bon, du beau, du juste, du fort et de l'utile, parce que les vérités de même ordre s'enchaînent et ne sauraient s'exclure, le plus mince des droits individuels résiste à l'effort de la plus puissante nation, de même que le droit national le moins important résiste à la coalition de tous les individus. Les souverainetés du citoyen et de l'État, loin de s'absorber ou de se détruire, se font respectivement équilibre et se donnent mutuellement le principe de leur stabilité. Les constitutions et les lois ne peuvent changer au gré des majorités et des partis, parce qu'un même fait n'admet plus qu'une loi, et qu'un même peuple n'admet plus qu'une constitution.

Un état social si désirable est impossible sous l'empire du principe d'association : il ne peut se produire que sous l'empire du principe d'organisation qui, dans le corps humain, rend les facultés physiques et morales complémentaires les unes des autres, qui, dans le corps social, rend complémentaires les fonctions politiques et les fonctions économiques, le droit individuel et le droit familial, municipal, provincial ou national.

LIVRE DEUXIEME

I

DU PRINCIPE D'ORGANISATION

Le monde terrestre se compose d'une série de corps élémentaires ayant des propriétés ou qualités simples comme les êtres qui leur donnent naissance. Chaque élément est doté d'une force d'affinité qui le pousse ou l'attire vers d'autres éléments et fait qu'il combine sa substance à la leur d'une façon tellement intime qu'il disparaît avec ses qualités propres pour réapparaître avec des qualités nouvelles. Le corps, composé de deux ou de trois éléments, peut aussi se combiner à d'autres corps; le produit qui en résulte agit de même, à son tour, si bien que la composition devient binaire, tertiaire, quaternaire, etc. Elle n'aurait pas de fin si l'affinité ne diminuait à mesure qu'elle complique les êtres, et si elle ne devenait impuissante à changer l'état actuel des corps, même en appelant à son aide les conditions les plus favorables. Il va sans dire que les êtres produits par la combinaison de soixante corps simples, s'ils ne sont pas infinis, sont aussi nombreux que variés. Certains parmi eux sont passifs et ne peuvent, en aucune circonstance, augmenter ou diminuer les forces qui commandent leurs mouvements. Ils sont attirés autant qu'ils attirent; ils restent partout et toujours identiques sous le rapport de la figure ou de la composition; l'arrangement de leurs atomes, quand il n'est pas empêché par quelque mouvement perturbateur, est toujours rectiligne et aboutit au fait si remarquable de la cristallisation.

Tel est le règne inorganique. Ses forces sont physiques ou chimiques, et les divers mouvements qu'elles produisent sont caractérisés par la ligne droite. Mais le moment arrive où l'affinité, à force de compliquer les corps, perd son empire sur eux et les livre à des forces nouvelles, où le mouvement rectiligne est dominé par le mouvement circulaire qui, né du calorique et des fluides impondérables, neutralise la cohésion, détruit l'adhérence des atomes et produit les états liquide et gazeux, enfin où l'état statique et minéral est remplacé par l'état dynamique et organisé. Avec le mouvement circulaire qui caractérise également le végétal et l'animal dans le fait de la circulation, l'être acquiert la force centripète qui lui permet de prendre au dehors ce qui est nécessaire à son existence et à son accroissement, tandis que le mouvement centrifuge lui permet d'éliminer ce qui est contraire à son existence. L'assimilation et l'excrétion qui en résultent font que l'être organisé, au lieu de croître et de décroître par les surfaces extérieures, le centre restant immuable, comme fait le minéral, croît et décroît par l'intérieur, dont les molécules ont besoin d'être entretenues et avivées, à peine de retourner au monde inorganique.

Du moment où un être organisé, si petit et si simple que l'on veuille le supposer, est doué d'assimilation, la vie existe. Celle-ci s'accroît à mesure que s'accumulent et se compliquent les mouvements circulaires et les organes qui les déterminent. Mais tandis que les forces inorganiques sont immuables, les forces organisées ont forcément une période de croissance et une période de décroissance : elles s'usent, et le moment arrive où, faute de pouvoir se maintenir contre l'état inorganique, elles sont envahies par lui. La mort succède ainsi à la vie, limitant l'existence du végétal et de l'animal, alors que nulle limite n'est assignée à l'existence du minéral.

La biologie, suivant en cela l'exemple de la chimie, a cherché les éléments organiques et les a trouvés dans la cellule qui détermine les premiers rudiments de la vie et représente ce qu'il y a d'irréductible dans l'organisation. Le mouvement circulaire imprime à la cellule la forme sphérique ou ovoïde, qui se retrouve dans le globule du sang, dans l'œuf, dans la graine, dans les principaux viscères et dans tout ce qui concentre une grande quantité de vie. Il y a des cellules de plusieurs espèces, comme il y a plusieurs espèces de mouvements organiques. Viennent ensuite les fibres et tubes élémentaires qui représentent, ainsi que leur nom l'indique, des corps cylindriques et plus ou moins allongés dont la composition varie ainsi que les propriétés.

Comme les éléments inorganiques, les éléments organisés sont doués de cohésion et d'affinité, la première rapprochant les molécules semblables dans un ordre déterminé et les liant d'une façon plus ou moins intime, la seconde attirant les unes vers les autres les fibres et cellules d'un ordre différent, avec cette particularité, qu'au lieu d'amener leur fusion ou combinaison, elle se borne à les rapprocher autant que l'exige leur concours aux mêmes mouvements. On voit ainsi se produire le tissu musculaire, le tissu nerveux, le tissu glanduleux, le tissu vasculaire, etc. Puis on voit le muscle appeler le nerf, qui appelle l'artère, suivie elle-même de la veine et du vaisseau lymphatique; la glande agit d'une façon analogue, les viscères englobent dans leur unité divers produits fibreux et celluleux, si bien que ces combinaisons successives concentrent, dans un seul organisme et dans une seule vie, une quantité de vies et d'organismes.

Ceux qui étudient l'énorme série des végétaux et des animaux voient ainsi les existences élémentaires se compliquer à mesure que l'affinité organique produit de nouvelles combinaisons. Plus les êtres contiennent d'organes, plus leurs forces s'accroissent : l'espèce la plus puissante est donc celle qui recèle la plus grande somme d'affinité et qui peut combiner le plus grand nombre d'organismes. Cette puissance d'affinité est peu considérable dans le végétal qui est fixé au sol et ne réagit guère sur son voisinage que par le contact immédiat ; mais elle s'accroît singulièrement dans l'animal qui doit au système nerveux la conscience de son existence, la connaissance du monde extérieur, le déplacement et les mouvements volontaires, enfin la série des besoins, affections et appétits qui se rapportent aux êtres placés à distance et préparent de nouvelles combinaisons.

Il nous est impossible de tracer ici les gradations de la vie végétale et de la vie animale; nous devons arriver à l'être qui, placé au sommet de la biologie, en est l'abrégé complet et semble concentrer toutes les forces organiques.

—

II

STRUCTURE HUMAINE

L'existence de l'homme se divise en deux portions : l'une qui, à bon droit, a été comparée à la vie des végétaux, l'autre qui résume la vie animale ou de relation. Celle-ci comprend en premier lieu, parmi ses organes, le cerveau, la moelle épinière et deux ordres de nerfs, les uns centripètes, qui portent de la périphérie vers le centre des impressions très-variées, les autres centrifuges, qui portent du centre à la périphérie des expressions nerveuses. Ainsi se trouve organisé un appareil complet de télégraphie, mettant les organes des sens, les viscères, les muscles et tout ce qui appartient à la vie de relation, en rapport direct avec le centre cérébral. Le cerveau, dont le volume contraste avec la ténuité des nerfs, est un entrelacement de fibres et de cellules résumant tout ce qui concerne la sensibilité pour arriver à la raison, tout ce qui concerne l'affection pour arriver à la conscience, tout ce qui concerne la motricité pour arriver à la volonté. Cet aboutissant de forces, issues des innombrables organes qui composent l'organisme, a été comparé justement à une assemblée de représentants apportant dans un seul édifice les facultés de cent millions d'hommes.

A la sensibilité il faut joindre, comme auxiliaires, les cinq sens extérieurs ; à l'affection se rattachent les appétits nés des sens internes ou viscéraux, tandis que la motricité s'exerce avec l'aide des muscles et des os. Des rapports s'établissent entre ces choses diverses dans le centre cérébral, et l'on voit se produire l'unité dans la vie de relation.

Si l'on parcourt le domaine de la sensibilité, on voit qu'elle comprend en premier lieu l'impression, qui, rapportée à un point déterminé du corps, devient sensation pour passer à l'état de perception en arrivant au cerveau et devenir idée en affectant l'ensemble de cet organe. La persistance de l'idée donne lieu au fait de mémoire qui permet le rapprochement des perceptions passées avec les perceptions actuelles et amène la comparaison; celle-ci donne lieu au jugement, quiimplique à son tour le raisonnement. Tous ces actes supposent la faculté de concevoir et d'imaginer, pour se résumer en dernier lieu dans l'intelligence.

Le domaine de l'affection comprend les appétits qui naissent des viscères et établissent des rapports incessants entre la vie organique et la vie de relation. L'affection comprend encore le sentiment qui, s'adressant aux minéraux, aux plantes et aux animaux, rapproche la vie humaine de la nature entière; qui, s'adressant aux personnes, produit le rapprochement des individus et leur fusion en des organismes supérieurs; qui, s'adressant aux idées, produit la notion du bien et du mal, du beau et du laid, du vrai et du faux, du juste et de l'injuste. Tous ces rapports affectifs des appétits et des sentiments, du moment où ils s'allient à l'intelligence, se résument dans la conscience, qui devient ainsi la source de la morale, de l'art et de la religion.

Dans les *expressions* cérébrales, usant des nerfs centrifuges pour porter au loin dans l'organisme l'activité des centres nerveux, se trouve la contraction musculaire, qui produit la force, le déplacement, le travail, la parole, la lutte et les actes innombrables de la volonté.

Entre l'intelligence, la conscience et la volonté, dont le siége est identique, s'établissent des relations qui rendent ces facultés complémentaires les unes des autres. Leur solidarité produit la raison dont la manifestation supérieure est la science exposant, dans une série de formules ou de lois, les rapports nécessaires ou organiques des idées, des affections et des actes volontaires.

Comme le système de la vie de relation, le système de la vie organique est représenté par un appareil nerveux, le grand sympathique, composé d'une série de petits cerveaux ou ganglions placés de chaque côté de la colonne vertébrale. Ces ganglions communiquent entre eux par des filets nerveux centripètes et centrifuges : ils communiquent également avec la moelle épinière et rattachent ainsi leur action à celle du système cérébral. Le résultat est une décentralisation, dans laquelle le grand sympathique peut soustraire une série de fonctions à la volonté sans les subordonner les unes aux autres. Il fait battre le cœur quand le cerveau dort et quand l'estomac est vide, il active la respiration pendant que les muscles des membres agissent avec force et attirent la meilleure part de l'action vitale, il proportionne l'afflux du sang et la nutrition aux nécessités organiques, il peut enfin, en imposant la faim, la soif, le besoin de respirer, la fatigue, etc., au système de la vie de relation, contraindre la volonté à lui venir en aide et à servir les fonctions dont il dispose.

Ces fonctions, quand elles se caractérisent par l'assimilation, ont pour objet d'emprunter au monde extérieur des solides, des liquides et des gaz, afin de les élaborer et de leur donner les propriétés vitales; quand elles se caractérisent par la circulation, elles transportent les corps assimilés dans toutes les régions de l'organisme et les mettent en contact avec les fibres ou cellules demandant réfection; enfin, quand elles se caractérisent par la nutrition, elles retirent des tissus les molécules usées ou altérées, pour les remplacer par des molécules saines et vivantes. Ici encore se produisent deux ordres de mouvements : l'un centripète, qui attire de dehors en dedans et préside à l'assimilation; l'autre centrifuge, qui repousse de dedans en dehors et préside à l'excrétion. Quant au mouvement de circulation, c'est en lui que se trouve le résumé des deux autres.

Dans la vie humaine se trouve également le résumé des fonctions végétatives et des fonctions spécialement animales ; aussi l'homme a-t-il été considéré, à juste titre, comme un microcosme. Il trouve dans son être, sous forme de concept, les notions de nombre, de figure, de temps, d'espace, de loi, etc.; il trouve dans les mathématiques et dans la logique en dehors de tout fait d'observation et d'expérience les rapports généraux et nécessaires des choses enfin sa raison arrive jusqu'à l'idéal et embrasse dans une formule supérieure la nature tout entière. Mais ces résultats, qui sont l'effort suprême de l'organisation, ne s'obtiennent jamais à l'état d'isolement ; ils supposent des organismes supérieurs, dans lesquels l'individu joue le rôle d'organe, tandis que sa vie joue le rôle de fonction.

III

ORGANISMES COLLECTIFS

Chez l'homme, comme chez les animaux des classes supérieures, la reproduction est impossible à l'individu isolé. La fécondité suppose le concours des sexes, concours exigé par une affinité organique tellement impérieuse qu'elle dompte, sous le nom d'amour la volonté la plus rebelle. L'homme et la femme sont conduits par une possession réciproque à produire le ménage, l'être bisexuel dans lequel l'élément masculin et l'élément féminin se complètent réciproquement, et font surgir des forces nouvelles.

Parmi ces forces il faut mettre en première ligne la fécondité dans les produits de l'âme aussi bien que dans ceux du corps. Une loi organique veu que les germes dont l'homme est dépositaire a physique et au moral ne puissent obtenir leur évo lution complète que s'ils reçoivent de la femme l forme et la nourriture. Faute de connaître cett vérité, l'élément viril a dominé dans les institutio des peuples, mille choses ont été commencée mais rien de stable n'a été fait. Les religions et le gouvernements, en cherchant à créer des orga nismes exclusivement masculins, ont prétendu dé naturer à leur profit les forces reproductrices; ma ce n'est jamais impunément que l'on met obstacl aux vœux de la nature. Le célibat a pu exalter ju qu'au fanatisme les ministres de certains cultes les transformer en une milice détachée des intérê de famille et de patrie; mais il les a dévolus à l stérilité et au parasitisme social. C'est en vain qu les milices pieuses ont concentré dans leur se l'énergie, le savoir et la vertu, une loi organiqu d'ordre supérieur fait que toute nation, que tou famille, que tout parti s'abandonnant à leur dire tion est voué à la dissolution.

Des organismes exclusivement féminins sont ég lement perturbateurs. Leur activité, faute de germe ne peut s'exercer que sur des choses mortes : elle s'obstine, le plus souvent, à embaumer des cadavres.

Tout autres sont les résultats, quand les sexes, obéissant à la puissante affinité du cœur, s'unissent dans le ménage ; ils sont doués de forces créatrices, des enfants naissent de leurs amours, apportant dans l'âme du père et de la mère des notions et des affections nouvelles. A mesure que grandissent les jeunes générations, on voit changer les rapports entre les parents et les enfants : ceux-ci entrent en pleine vigueur quand ceux qui leur ont donné le jour sentent les atteintes de la vieillesse. Le moment arrive où le protecteur dans le passé demande protection dans l'avenir, où celui qui excellait dans l'action n'excelle plus que dans le conseil. Mais une admirable hiérarchie naturelle se maintient entre les forces qui contribuent à la prospérité de l'organisme né du concours des sexes et des âges. Partout, sous le nom de famille, on retrouve cet organisme comme berceau des nations : il est un élément capital de la grandeur humaine, il a son origine dans les affinités les plus puissantes du cœur ; aussi faut-il tenir pour pernicieuses toutes les institutions qui lui créent des obstacles, et pour non avenues les utopies qui rêvent sa destruction.

Mais, tout en offrant à la femme, à l'enfant et au vieillard une protection suffisante pour qu'ils puissent vivre, tout en établissant entre eux la solidarité du nom, de l'intérêt et de la dignité, le cercle de la famille est trop étroit pour contenir toutes les virtualités humaines, à peine s'il suffit à l'état de sauvagerie. Il faut donc s'attendre à voir les éléments de civilisation que contient le cœur de l'homme pousser les familles vers un organisme supérieur. Alors apparaît le municipe ou la commune, que Royer-Collard considérait comme d'institution divine. Il faut, en effet, que cet organisme soit le résultat d'affinités bien générales et bien puissantes, pour qu'on le rencontre, sous des noms divers chez tant de nations. On le voit surgir sitôt que des familles doivent réunir leurs efforts pour résister au danger, pour obtenir la sécurité, pour cultiver, pour commercer, pour produire, pour s'instruire et pour parler. En lui naissent le conseil, le tribunal et l'école, parce qu'il fait naître les idées d'intérêt collectif, de droit et de devoir, d'ordre et de justice, de liberté et d'autorité, parce qu'il est le véritable initiateur de l'homme à la vie sociale.

Malgré sa puissance, le municipe est loin d'être le dernier terme de l'organisation dans l'humanité. Son territoire restreint fait que le grand commerce, la grande industrie, la grande viabilité, la grande science et le grand art lui échappent. Il ne peut maîtriser ni les fleuves ni l'Océan; aussi est-il obligé, pour lutter contre la nature ou pour satisfaire les besoins de civilisation qu'il a fait naître, de se combiner aux municipes qui l'entourent et se trouvent dans des conditions analogues, afin de produire l'organisme provincial. Une population fort nombreuse peut, dès lors, trouver en elle-même la plupart des éléments de la civilisation; elle peut se donner des mœurs et des institutions conformes à sa race, à son climat et à son territoire; elle peut suffire à tous les sacrifices qu'exigent les intérêts collectifs, elle peut lutter contre les obstacles suscités par la nature, elle peut enfin sortir de la barbarie et entrer dans la civilisation. Mais des forces lui manqueront encore, et sa combinaison aux provinces voisines dans l'organisme-nation peut seule porter à leur apogée les facultés de l'espèce humaine.

Une nation représente une société renfermant dans son sein les divers éléments de la civilisation et présentant des caractères spéciaux parmi lesquels il faut noter la langue, la race, les mœurs, les aptitudes, le climat et le territoire. Du moment où on considère les nations comme des organismes, il faut s'attendre à retrouver parmi elles les variétés que l'on remarque parmi les individus. Certaines ont plus d'aptitudes pour la science, d'autres sont mieux douées du côté de l'art, d'autres encore sont surtout commerçantes ou guerrières. Plus le génie s'accuse et plus la nation est distincte ; elle est surtout homogène, lorsque son isolement géographique la préserve de tout mélange avec les peuples étrangers.

Entre les nations rendues très-homogènes par l'isolement et les nations devenues très-complexes à la suite de leur fusion avec d'autres, il existe une série d'intermédiaires qui représentent le clavier de la civilisation. La race et le croisement ont ici une grande importance, mais il faut également tenir compte de la disposition du sol. Il représente l'ossature des nations, ce qui mesure leur taille, ce qui établit la continuité de leurs organes. Il semble qu'en remplissant une fonction dans la vie des peuples, la terre devienne vivante. Le langage, qui a l'intuition de tant de choses ne s'y est pas trompé; il dit l'Espagne, la France et l'Angleterre, pour dire l'ensemble des Espagnols, des Français ou des Anglais; il fait de l'expression géographique la formule de la nation.

De la structure du système osseux dépend la disposition du corps social, qui peut être bossu, boiteux ou manchot lorsque son territoire est déprimé, mal circonscrit, trop allongé ou courbé hors de propos. Le morcellement de la Grèce par la nature est pour beaucoup dans la difficulté qu'elle a éprouvée dans tous les temps d'arriver à la nationalité; la plaine unie et homogène que représente l'Angleterre a dû aider puissamment à l'unité nationale combattue par les instincts féodaux de la race saxonne; les chaînes de montagnes qui découpent l'Espagne indiquent la puissance de sa vie provinciale. Dans toute région une belle proportion de montagnes et de plaines indique une forte ossature et une vitalité puissante. Trop de montagnes produit un corps maigre mais robuste et vivace, trop de plaine produit la pléthore quand la terre est fertile, ou la langueur du lymphatisme quanc le sol est marécageux.

La circonscription territoriale n'est pas seulemen importante en ce qu'elle détermine la figure dı corps social et la proportion de ses régions diverses; elle détermine encore les rapports de voisinage ou de contact avec les autres nations. Il n(faut donc pas s'étonner des efforts instinctifs d(tout corps social pour acquérir une bonne frontière. Est considérée comme excellente celle qu favorise les rapports commerciaux tout en offran une défense naturelle contre l'invasion. La mer ; ce double avantage, aussi est-elle la meilleure de frontières. Au second rang se placent la chaîne d montagnes qui s'ouvre seulement dans quelque passages faciles à garder et les fleuves larges e profonds. Les obstacles insuffisants pour arrête une armée forment les frontières du troisième rang Ces dernières peuvent ne pas déplaire à un organisme puissant, parce qu'il espère que l'affinité sociale attirera ses voisins dans l'orbite de ses mouvements; mais elles sont mauvaises pour les nation faibles, c'est-à-dire portées à chercher chez autru la puissance politique ou économique qui leu manque. Si elles n'ont pas une frontière nettement tracée par la nature et facile à défendre, le jour viendra où elles seront absorbées par de puissantes voisines.

Tels sont, dans tout ce qu'ils ont de plus élémentaire, les rapports des organismes collectifs : famille, municipe, province et nation; ils résultent d'une force attachée à la vie humaine, d'une loi supérieure à laquelle le despote le plus absolu ou l'aristocratie la plus puissante ne peuvent rien changer. Supprimer l'un des membres de la série, c'est détruire ce qui en est la conséquence, c'est imiter celui qui prétendrait maintenir la vie de l'individu en ôtant le cœur ou le poumon.

La véritable nation n'exige pas seulement la formation de la famille, du municipe et de la province, elle exige encore entre ces organes des rapports tels que nul ne puisse empiéter sur les fonctions des autres. Sitôt que la famille usurpe sur le municipe, celui-ci ne peut se former ; il en est de même de la province dominée par le municipe, ou de la nation dominée par la province : des usurpations en sens inverse produisent des altérations opposées, et, dans les deux cas, la société est en souffrance. Voilà la théorie, il reste à constater si ses prévisions sor confirmées par les faits.

Certaines races, celle des Sémites en premie lieu, ont concentré la vie sociale dans la famill En faisant du patriarche le propriétaire, le législa teur et le juge, en mettant dans ses mains les pou voirs municipaux, ils ont arrêté la société dans so développement et l'ont limitée à ce que peut pr duire la tribu. Ce qui dépasse l'état patriarcal n' pu surgir chez les Arabes purs, ils n'ont ni l'orga nisme commune, ni l'organisme province, ni l'o ganisme nation, aussi leur état social est-il res forcément élémentaire.

Le clan des Scandinaves eut, au moyen âge, l mêmes résultats que la tribu. En se substituant a municipe légué par les Romains, il fit baisser civilisation d'un degré, il fit triompher la barbar et amena la diffusion des nationalités. Ses effe désastreux ne cessèrent qu'avec la reconstitution d municipe dans la commune. Multiplier des exen ples que les peuples voués à la barbarie fournisse à profusion, est fort inutile, mieux vaut constat par des faits ce que produit l'insuffisance de la f mille chez les peuples civilisés. Cette insuffisance pour résultat d'isoler l'individu, de le mettre hors d'état de lutter contre l'action collective, de l'amoindrir et de produire la maladie de la centralisation. A Sparte, l'État était tout et l'indivividu rien, parce que Lycurgue avait trop affaibli les liens de la famille; pareille chose se remarquait dans bien des villes de la Grèce ou de l'Asie vouées à la corruption des mœurs et au despotisme. Tant que la famille romaine fut fortement constituée, l'individu se maintint en face de l'État et la république put vivre. Mais quand la dissolution des mœurs et la peste des esclaves changèrent les rapports de l'homme, de la femme et de l'enfant, au point de les rendre étrangers les uns aux autres, quand l'individu se trouva seul en présence du colosse social, le despotisme dut prendre des chaînes pour relier les membres épars de la société.

Au moyen âge, le servage produisit ce qu'avait produit l'esclavage dans l'antiquité, des familles patriciennes corrompues par la domination et des familles plébéiennes corrompues par la servitude. L'Espagne de Philippe II, la France de Louis XIV et la Russie de Pierre Ier en furent la conséquence.

Comme la famille, le municipe put pécher par

excès de force ou par faiblesse. Il grandit, chez l anciens Grecs, au point de se substituer à la pr vince et d'empêcher la formation de la nation. S croissance vraiment monstrueuse fit surgir partou des guerres étrangères et intestines, en même tem qu'elle empêchait l'organisation des conquêtes. ne faut donc pas s'étonner si, malgré sa bravour son intelligence et sa richesse, la Grèce devint proie de Rome, moins bien douée à tant d'égard mais sachant rendre romains les municipes qu'el s'adjoignait et possédant à un haut degré les c ractères de l'organisme social.

L'Italie du moyen âge présenta un spectacle an logue à celui de la Grèce antique. Même puissan des municipalités se substituant à la nation et fa sant fleurir les arts et l'industrie, mêmes factio à l'intérieur, mêmes guerres intestines, même fa blesse devant l'étranger.

Si l'on veut trouver des exemples de l'insuffisan des municipes, il faut explorer les contrées où d mine la féodalité. On verra la civilisation se réfug dans les villes dont l'administration est forcéme municipale, au moins en partie, tandis que la ba barie se maintiendra au sein des campagnes.

Un excès de force dans la province se montra souvent dans l'histoire de l'Allemagne, de la France et de l'Espagne. Des guerres terribles en furent le résultat. Quand chaque province française était séparée de ses voisines par une ligne de douanes, quand existaient douze parlements avec autant de droits écrits et coutumiers, les centres d'action n'étaient pas difficiles à trouver pour les rebelles; ils usaient de la part de nationalité dévolue à chaque province, habituée à séparer sa vie de celle de la nation. Les mêmes causes engendrèrent les mêmes effets en Espagne, et, si la guerre civile a désolé l'union américaine, il faut en rapporter l'origine à des provinces qui ont gardé une partie des pouvoirs de la nation.

Au lieu d'avoir trop de force, les provinces peuvent en manquer et n'obtenir qu'une part de la vie qui leur est due; c'est ce qui est arrivé en Chine après la conquête des Tartares, dans plusieurs monarchies orientales, dans la Rome des empereurs et dans la France napoléonienne. Le résultat a été la centralisation, dans laquelle les organismes placés au-dessous de la nation sont privés d'une part de leur force et de leur vie. Alors arrive la langueur sociale, l'abaissement des caractères, la corruption dans les mœurs, l'impuissance dans les productions du cœur et de l'esprit. La tête de la nation, la capitale, s'accroît démesurément à mesure que le corps s'étiole et s'affaiblit; il en résulte une sorte d'hydrocéphalie qui aboutit, comme chez l'individu, aux convulsions, au dépérissement et à la mort.

IV

VIE COLLECTIVE

L'affinité organique produit des résultats très-différents, selon qu'elle combine des éléments pareils ou des éléments dissemblables. Dans ce dernier cas, il est difficile de dire à l'avance ce que sera le produit; mais dans le premier cas, lorsque les organes élémentaires ne font que s'ajouter les uns aux autres, ils gardent la plus grande partie de leurs caractères et s'élèvent simplement à la deuxième, troisième ou quatrième puissance. Une fibre musculaire dit très-bien ce que sera un muscle; une cellule glanduleuse ce que sera une glande. De même quand l'homme, pris comme élément social, s'ajoute à l'homme dans une série de combinaisons, les êtres qui en résultent ne peuvent cesser d'être humains; ils élèvent simplement les forces premières à leur deuxième, troisième ou quatrième puissance. La conclusion est que l'on doit retrouver dans la famille, dans le municipe, dans la province et dans la nation les facultés individuelles singulièrement agrandies, et que la nomenclature de celles-ci fournit, à l'avance, la nomenclature des autres.

Constatons, en premier lieu, que la vie collective se partage en deux portions distinctes : l'une de relation et admise par tous sous le nom de politique; l'autre organique, et connue sous le nom d'économie sociale. L'appareil nerveux ou cerveau, dirigeant la vie politique, est le gouvernement dont les nerfs centripètes et centrifuges sont représentés par la filiation des fonctionnaires, dont l'intelligence est le législatif ou délibératif, dont la volonté est l'exécutif, dont la conscience est le judiciaire. Ce partage du moi social en trois facultés distinctes n'a pas été inventé pour les besoins de notre cause; loin d'être un produit de l'imagination, il a été constaté par Montesquieu et d'autres écrivains, comme un fait naturel et accessible à la simple observation; seulement, les facultés individuelles prennent le nom de pouvoirs en devenant collectives.

L'ordre des pouvoirs ne suppose en rien leur subordination; chacun d'eux existe au même titre que son voisin, chacun représente une part de la vie sociale. Le délibératif s'incarne en une assemblée renfermant les sensations, perceptions et idées de l'organisme social tout entier, ainsi que les forces d'où naissent la conception et l'intelligence. Seul le délibératif peut constater la loi, seul il peut connaître la science sociale dans son ensemble et en donner la formule.

Chargé de fonctions bien différentes, l'exécutif, au lieu d'être multiple et divers, n'obtient la rapidité, l'énergie et la précision des actes que par l'unité. Il suppose donc un organe ayant autorité sur toute la hiérarchie des fonctionnaires et dirigeant les actes nationaux, provinciaux ou municipaux.

Le judiciaire, en sa qualité de conscience du corps social, est gardien de la morale collective se formulant dans la loi: il est le conservateur du bien, du beau et du bon au sein de la société; il est encore un agent de pondération entre le législatif et l'exécutif dont l'opposition naturelle dégénère souvent en antagonisme. Dans la vie rien n'est abstrait ou purement théorique, aussi le jeu des pouvoirs suppose-t-il toujours l'action, en dernier lieu, c'est-à-dire l'intervention de l'exécutif appelé ainsi à obéir et à commander.

De tels rapports entre les divers pouvoirs dont l'ensemble est le gouvernement, supposent une tête sociale pour la nation, la province et le municipe. Cette tête, ou capitale, est tellement indispensable aux divers organismes collectifs ainsi qu'aux actes de la vie sociale, que la force des choses la produit dans tous les lieux où se rencontrent les éléments de la civilisation.

Si de la vie de relation de la société ou de la politique nous passons à la vie organique ou économique, nous voyons encore les fonctions collectives se calquer exactement sur celles de l'individu. L'assimilation qui tire du monde extérieur, façonne et élabore ce qui est nécessaire à l'entretien des organes, prend, en devenant collective, le nom de production, et se charge d'élaborer tout ce qui est nécessaire à l'entretien du corps social. La circulation économique, semblable à celle de l'individu, jusqu'à emprunter son nom, a mission de transporter dans les régions les plus infimes du corps social les résultats de la production; enfin la nutrition sociale, sous le nom de consommation, fixe dans les organes de la société les matériaux qu'apporte la circulation et remplace ceux que l'usure a rendus impropres à la vie.

Dans l'individu, l'assimilation, la circulation et la nutrition ou réparation, ont un agent nécessaire et commun qui est le sang. L'agent corrélatif dans le corps social est la propriété, qui est à la fois l'objet de la production, de la circulation et de la consommation. La parité est complète entre les deux organes et devient à chaque instant plus frappante pour les yeux qui étudient leurs fonctions respectives.

Devant des exemples si multipliés et si divers, qui tous viennent confirmer les prévisions de la loi d'organisation, va-t-on nier les similitudes de la vie individuelle et de la vie collective? Ce serait vraiment fermer les yeux à la lumière, ce serait, en outre, se priver de toutes les indications que peut fournir l'histoire naturelle à la science sociale. Si le délibératif, le judiciaire et l'exécutif ne sont qu l'intelligence, la conscience et la volonté agrandie on comprend que la psychologie renferme le pla le plus exact qu'il soit possible de trouver de l'o ganisation des pouvoirs ; si la production, la circu lation et la consommation ne sont que l'assimila tion, la circulation et la nutrition considérablemen agrandies, on comprend quelles indications pré cieuses la physiologie peut fournir à la scienc économique. L'art de gouverner, du moment où se dirigera sur des connaissances positives, ser libéré d'un empirisme dégradant ou des conception machiavéliques ; il saura quelles institutions doiven mener les peuples à la grandeur ou les précipite vers la décadence.

LIVRE TROISIÈME

I

DE LA LOI POLITIQUE.

La société étant un composé d'organes, et les organes étant dépositaires d'une série de forces ou de facultés, il devient évident que la vie des nations résulte de rapports aussi bien définis et aussi nécessaires que ceux qui caractérisent la vie des individus. Mais les rapports nécessaires et nettement définis portent le nom de lois : ils forment dans leur enchaînement la science tout entière; si bien que la sociologie n'existera que le jour où seront définies les lois primordiales de la société. Une telle définition veut l'étude préalable de chacun des éléments sociaux et des forces qui les animent, puis l'étude des faits produits par la combinaison de ces éléments.

Mais il ne faut jamais oublier que la vie des nations, comme la vie des individus, comprend des faits organiques et des faits de relation. Ceux-là, dans l'ordre social, ont des rapports déterminés par la loi économique, tandis que les rapports de ceux-ci sont représentés par la loi politique, dont il faut rechercher les origines dans les facultés des personnes sociales.

II

DE LA PERSONNE SOCIALE.

Un être qui, avec la raison, la conscience et la volonté, obtient la connaissance scientifique, la notion du bien et du mal, et la direction de ses forces, s'élève manifestement au-dessus de l'animalité. Son intelligence lui permet de mesurer ses actes dans leurs moyens et dans leur fin, sa conscience lui permet de les apprécier dans leur moralité, sa volonté lui permet d'agir, de résister ou de s'abstenir; ses trois facultés capitales le rendent libre et responsable. Celui qui peut résister à ses passions jusqu'à la mort inclusivement, acquiert la direction de son être, il sort de l'individualité animale, il se transforme en une personne.

La personne est l'incarnation de cet idéal qui commence à l'être raisonnable et ne s'arrête qu'au delà de l'être divin. Dans la divinité la personne devient la loi vivante, la raison générale du monde; dans l'homme la personne se sent inviolable, au point d'aspirer à l'immortalité et de protester, même au prix du martyre, contre tout ce qui peut amener sa déchéance. Retranchée dans sa dignité, elle sait s'ensevelir entière sous ses ruines. Cette force, que rien ne peut réduire, prend le nom de souveraineté.

Souveraineté. — Tout en étant inviolable et souveraine, la personne reste un organisme ayant ses besoins et subissant les conditions de la vie des bêtes. L'homme est obligé de s'alimenter, de respirer, de dormir et de se préserver des intempéries. Il doit étudier pour apprendre, faire de la gymnastique pour devenir adroit et fort, s'exercer au bien, comme il s'exerce à l'usage d'un instrument, il doit enfin développer son être en subissant les exigences de son organisation. Sa souveraineté devient de la sorte complétement nulle en face de la nature, mais elle se retrouve entière en face de l'organisme social, elle fait que les nécessités de la vie sont, pour la personne, des créances dont les titres sont les organes et leurs fonctions, dont le caractère générique est le droit. Sans ce dernier, la personne inviolable et la souveraineté ne sauraient exister.

Droit. — Défini : la force ou virtualité qui assure à la personne ce qui est nécessaire au développement et à l'entretien de son être, le droit est l'élément de la souveraineté. Il se fractionne en autant de parts qu'il y a de conditions de vie, et l'importance de chaque droit est déterminée par la fonction qu'il représente.

De même qu'il y a hiérarchie entre les fonctions, il y a hiérarchie entre les droits ; mais le moindre ne peut être absorbé par la masse des autres, pas plus que la fonction la plus infime ne disparaît dans l'ensemble de la vie. Sitôt qu'un droit est méconnu ou absorbé, il y a maladie sociale.

Pour avoir la série des droits, il suffit de calquer la série des organes et des fonctions. Une nomenclature physiologique devient ainsi une nomenclature juridique, où tout doit être classé selon son importance et l'ordre assigné par la nature.

En rapprochant de la souveraineté le droit qui assure à la personne ce qui est nécessaire à l'entretien et au développement de la vie, en donnant l'initiative ou l'exercice du droit à l'être doué de raison, de moralité et de volonté, on arrive à la liberté sans laquelle le droit reste lettre morte.

Liberté.—Dans la bête, où manque le sens moral et où la volonté est subordonnée aux appétits, la liberté n'est que le moyen d'obéir aux instincts, comme la servitude est l'empêchement apporté à cette obéissance. L'oiseau est esclave quand la cage paralyse ses ailes et empêche ses mœurs vagabondes; il suffit d'ouvrir la porte de sa prison pour qu'il se trouve en pleine liberté; mais la personne morale et souveraine n'est libre que si elle a l'initiative dans l'exercice de tous ses droits, que si elle peut disposer d'une part de la force sociale au profit de ses facultés. Donner au citoyen la pleine autorisation d'aller et de venir, d'agir, de parler et de gesticuler, c'est lui donner la liberté de la bête ; reconnaître le droit à l'aliment et donner les moyens de le gagner, reconnaître le droit à l'instruction et envoyer à l'école, reconnaître le droit à la vertu et empêcher la vue du scandale, c'est accorder la liberté de l'enfant ; mais l'adulte n'est libre que s'il a la direction complète de sa vie, que s'il fait valoir ses droits quand et comme il lui plaît, que si son droit à l'aliment est doublé du droit au travail, que si son droit d'apprendre est doublé du droit d'enseigner, que si son droit d'invoquer la justice est doublé du droit de contribuer à son application, que si sa volonté entre pour une part dans les actes sociaux.

III

RAPPORT DE LA SOUVERAINETÉ INDIVIDUELLE AVEC LA SOUVERAINETÉ COLLECTIVE

La souveraineté, considérée comme l'état de la personne morale et inviolable, peut-elle exister simultanément dans le citoyen et dans la nation? ou bien l'une des souverainetés doit-elle absorber l'autre et la détruire? Telle est la première question à résoudre, sous peine de n'avoir sur l'organisation sociale que des idées vagues ou fausses. Mille erreurs ont été commises par les publicistes, parce que, au lieu de voir dans la souveraineté l'inviolabilité de la personne, ils en ont fait un droit primordial et divin de commandement. Ce dernier, en effet, exige l'unité, et quand il prononce veut être obéi. Dans les rapports de maître à serviteur, il n'y a place que pour une souveraineté. Mais les choses sont autres dans les rapports de personnes inviolables et possédant toutes leur part de commandement et leur part d'obéissance. Si on nie que la chose soit possible, il suffit de descendre d'un degré l'échelle de l'organisation et de considérer ce qui se passe au-dessous de la souveraineté individuelle. Chacun sait qu'elle commande à l'organisme par l'intermédiaire de la volonté; mais trop peu de gens savent qu'elle est contrainte d'obéir à la souveraineté organique du poumon et de l'intestin. Quand le besoin de respirer se fait sentir, la personne intelligente, morale et souveraine doit prêter sa volonté à une fonction qu'elle partage avec la plante : il lui faut encore obéir à la faim, à la soif, à la froidure et à mille douleurs. S'ensuit-il que la souveraineté disparaît parce qu'elle subit les conditions de son existence? Pas le moins du monde.

De même la souveraineté communale et nationale ne sont nullement altérées par la souveraineté individuelle, qui est la condition capitale de leur existence, comme les fonctions organiques et les besoins qui assurent leur intégrité sont les conditions d'existence de la personne individuelle. Loin de s'exclure, les souverainetés se soutiennent et sont complémentaires les unes des autres. C'est si vrai, que l'homme isolé et détaché de la commune ou de la province perd le meilleur de sa souveraineté. Il est le serf de la nature; sa raison, sa conscience et sa volonté restent à l'état rudimentaire; il peut à peine être considéré comme une personne morale. Il grandit au contraire à mesure que s'étagent sur sa personne les souverainetés communale, provinciale et nationale. Sa vie, mêlée à des vies collectives toujours plus étendues, participe de leurs facultés et croît en raison, moralité et volonté.

Si, aux faits que fournit la nature, on veut ajouter ceux que donne l'histoire, on voit que le progrès social est en raison directe de la notion de souveraineté. Très-obscure chez les anciens, qui ne considéraient comme inviolables ni les peuples ni les individus, elle commence à se préciser dans les doctrines des stoïciens et, plus tard, dans les doctrines des chrétiens. Ces derniers ne condamnent pas formellement l'esclavage, mais ils font entendre que les fers ne dépouillent pas l'homme de sa véritable dignité. La philosophie moderne est allée plus loin que le christianisme ; elle a condamné formellement l'esclavage et même le servage ; elle s'attaque au prolétariat ; elle offre aux peuples l'idée toujours agrandie de la souveraineté individuelle qui, chez les Saxons, se formule dans le *self government*, et, chez les Français, dans les droits de l'homme et du citoyen.

En ce siècle, l'idée encore obscure de souveraineté suffit pour doter l'homme d'une force assez grande pour lutter contre tout ce qui porte atteinte à sa dignité. Chaque jour, la servitude sociale perd du terrain, et nous la verrons disparaître quand la souveraineté individuelle saura constituer la souveraineté communale et en faire son plus ferme appui, quand la souveraineté communale saura constituer la souveraineté provinciale qui deviendra sa protectrice, enfin quand toutes les souverainetés se condenseront dans celle de la nation. La spécialité des fonctions empêchera, à tous les étages de la société, les conflits de pouvoir, si bien que l'individu, la commune, la province et la nation ne nuiront pas plus à leurs vies respectives que ne se nuisent le cœur, les artères, les veines et les vaisseaux capillaires concourant à une seule et même fonction.

On peut donc affirmer qu'il y a place dans la société pour les diverses souverainetés, à la condition que toutes se limiteront et se feront respectivement équilibre.

Mais pour qu'une souveraineté puisse limiter sa voisine, il faut qu'elle soit douée d'une force pareille, il faut qu'entre elles règne l'égalité. Sans cette condition, l'inviolabilité ne saurait exister ; car si une souveraineté est supérieure à l'autre, elle saura toujours lui porter atteinte ou l'absorber.

Ce terme égalité, qui surgit nécessairement du rapport des souverainetés diverses, ne signifie nullement l'identité des pouvoirs, ainsi que tant de gens affectent de le croire; il représente l'équilibre que se font respectivement des forces différentes et marque, de la sorte, l'un des termes de la justice.

IV

RAPPORT DU DROIT INDIVIDUEL AVEC LE DROIT COLLECTIF

L'individu, considéré comme organe du corps social, doit en obtenir ce que demande l'entretien et le développement de son être, à peine de dépérissement pour lui-même et d'amoindrissement corrélatif pour la société. La loi d'organisation veut donc que les besoins de l'individu soient une créance de vie que le corps social doit payer s'il ne veut souffrir et péricliter. Cette créance d'un être raisonnable, inviolable et souverain prend un caractère spécial : elle est une force à laquelle rien ne peut ni ne doit résister dans l'ordre moral ; elle se résume dans le mot de droit.

Sitôt que le droit individuel pénètre dans la société, il impose à celle-ci une somme égale de devoirs, et, comme le corps social est composé d'individus, il en résulte que les droits de chacun sont des devoirs pour tous. Le rapport des deux termes est tel que le devoir est partout et toujours en raison du droit; le rapport des souverainetés est tel que chacune a autant de droits que de devoirs. S'il en est autrement, si la personne individuelle ou collective subit des devoirs sans obtenir les droits correspondants, elle perd ses caractères et tombe dans l'asservissement, tandis que la personne qui a des droits sans devoirs s'altère en sens inverse et monte au parasitisme; l'égalité et la justice sont violées, il y a double cause de maladie sociale.

L'amoindrissement de l'individu correspond à un excès de puissance de la société qui écrase ses organes, comme la suprématie individuelle correspond à la langueur sociale. Mais il arrive toujours que l'oppresseur finit par ressentir l'abaissement qu'il impose, exactement comme l'excès de fatigue imposée aux membres se communique au siége de la volonté.

Pas plus que le droit social, le droit individuel

ne peut s'aliéner ni se prescrire, parce que rien de ce qui est organique ne se prescrit. La personne qui prétendrait vendre son droit social commettrait une escroquerie, car elle ne peut pas plus abdiquer son titre que se changer en bête.

Si la société doit à l'individu tout ce qui est nécessaire à l'entretien et au développement de son être, l'individu doit tout ce qui est nécessaire à l'entretien et au développement de la société. Cet échange de droits et de devoirs fait que le citoyen, avec la somme de labeur qui, à l'état d'isolement, suffirait à peine pour entretenir une vie misérable, peut participer à tous les avantages de la collectivité.

Dans l'ordre économique, il bénéficie de l'industrie et du commerce; dans l'ordre moral, il bénéficie de la science, de l'art et de la philosophie; dans l'ordre social, il bénéficie de la paix et de la sécurité. Sa vie prend, dans de telles conditions, un développement considérable; ses forces se décuplent en recevant l'aide des forces d'autrui.

A bien considérer les choses, le droit individuel est le principe du droit collectif, comme le droit collectif est le moyen du droit individuel. Supposer celui-ci, c'est supposer celui-là; organiser l'un, c'est instituer l'autre; les mettre en présence, c'est faire apparaître leur solidarité. Leurs rapports sont donc, non pas antagonisme, mais concours. Quand ils entrent en conflit, on peut affirmer que la loi de leur existence respective est violée; quand ils sont en équilibre et se maintiennent réciproquement par le devoir, on peut affirmer que règne la justice ou la loi de leurs rapports naturels.

V

RAPPORT DE LA LIBERTÉ INDIVIDUELLE AVEC LA LIBERTÉ COLLECTIVE

Le droit étant la virtualité par laquelle la personne exige ce qui est nécessaire à ses fonctions physiques et morales, la liberté sociale est l'initiative de la personne dans l'exercice des droits qu'elle fait valoir à son heure et à sa convenance. Mais, de même que la vie collective engendre la mutualité et fait naître le devoir à côté du droit, de même elle fait naître la responsabilité à la suite de la liberté ; elle veut même que les deux termes soient en raison directe l'un de l'autre. Sans la responsabilité, la liberté des uns devient vite la servitude des autres, chacun agissant suivant son caprice ou ses passions.

L'ordre, en pareil cas, ne peut être obtenu que pa la force posant des barrières et parquant les volon tés dans un cercle infranchissable. Mais ces précau tions, prises pour empêcher les abus de la liberté sont la destruction de la liberté. Avec la responsabilité, au contraire, qui implique la réparation de tout le dommage causé, chacun trouve intérêt à n'imposer aucune servitude à son voisin ; chacun prenc le gouvernement de soi-même ; chacun sait ce qu est permis et ce qui est défendu ; chacun, en respectant la liberté d'autrui, apprend à faire respecte la sienne.

Quand le droit, devenu social, est limité par le devoir, quand la liberté, devenue sociale, est limitée par la responsabilité, il ne peut y avoir dans la sociét ni oppression ni servitude ; chaque membre de la société obtient la part de vie qui est en rapport ave ses facultés, sans qu'il puisse trouver un empêchement dans les facultés d'autrui.

Il est certain que l'homme, la femme, l'enfant e le vieillard, faute d'avoir des organes identiques, ne peuvent s'attribuer l'identité de droits et de libertés ; cependant tous sont égaux dans leur inviolabilité, tous ont des titres à la vie valables au même degré

Loin de s'exclure ou de se combattre, ces titres sont naturellement complémentaires ; ils règlent les rapports naturels des membres de la famille, rapports faux et maladifs s'il y a lésion d'une liberté recevant une part trop forte ou trop faible de responsabilité.

Du reste, la loi d'organisation fait que les libertés diverses ne sont pas plus opposées ou contradictoires que les droits dont elles représentent l'exercice. Croire qu'un État, pour être libre, doit asservir les provinces, ou qu'une commune, pour être libre, doit asservir les citoyens, c'est méconnaître la logique et la force des choses, affirmant que jamais la servitude ne peut être une condition de liberté.

De tout cela résulte que dans un état social impliquant forcément la mutualité, la liberté suppose la responsabilité qui, en accordant à la personne la direction entière de ses actes, exige qu'elle en rende compte à la justice.

BIBLIOTHÈQUE IMPÉRIALE IMPR.

VI

DE LA JUSTICE

La justice est le rapport du droit au devoir : elle a mission de maintenir l'équilibre entre ces deux termes ; aussi la balance est-elle son attribut capital, dans ses diverses personnifications.

Partout où existe l'équilibre apparaissent la stabilité, la persistance et la conservation ; il faut en conclure que toute société où la justice existe est durable, tandis que toute société qui bannit la justice de son sein est éphémère. Et de même des choses morales ; le droit ne saurait persister sans le devoir, la liberté sans la responsabilité, la propriété sans la production, le pouvoir sans le service social, la force, en un mot, sans une autre force capable de la limiter et de la maintenir.

En s'appliquant aux actes divers de la vie sociale, la justice est, chez les peuples, le principe pondérateur par excellence. Elle joue dans l'existence collective le rôle que joue dans l'existence individuelle la morale, pesant dans sa balance l'actif et le passif, la créance et la dette des facultés physiques et morales, afin de maintenir entre elles l'équilibre ou le bien, afin d'empêcher les rapports subversifs d'où résulte nécessairement le mal.

De ce rapprochement entre la justice et la morale il faut conclure que l'une ne saurait être en contradiction avec l'autre, et qu'il est aussi impossible de voir une justice immorale qu'une moralité injuste. Au fond, celui des termes qui concerne la vie collective n'est que l'agrandissement de celui qui concerne la vie individuelle, et l'homme qui admettrait une contradiction entre eux pourrait aussi bien admettre une discordance entre la circulation capillaire et la grande circulation : ce serait nier également l'unité que représente nécessairement la vie.

De même que la morale a mission d'apprécier tous les actes individuels et de les préserver du mal, de même la justice a mission d'apprécier les actes sociaux et de les ramener aux lois de la vie collective sitôt qu'ils s'en écartent. Une telle mission suppose une science établissant la série des lois sociales des organes capables de surveiller chaque région de l'organisme collectif, enfin une force capable de dompter les volontés individuelles ou associées.

La science juridique, celle qui établit, en se fondant sur la véritable physiologie de la société, la nomenclature des droits et des devoirs, peut seule préserver les peuples de la barbarie, et établir l'ordre véritable au sein des nations. Un tel mobile social est digne des plus grands efforts, car, plus que tous les autres, il contribue à la persistance de la vie collective.

Une importance extrême s'attache à la composition du corps judiciaire qui, chargé de prononcer sur les rapports des droits et des devoirs, peut rendre la loi inutile en l'appliquant faussement et peut favoriser les désordres qu'il a mission de réprimer. Quant à la force, tout en étant à la disposition du corps judiciaire, elle ne saurait en faire partie ; pas plus que la volonté ne fait partie de la conscience, ou que l'action musculaire ne fait partie de l'intelligence. Force et justice sont toujours distinctes.

Ceci étant admis, il reste à montrer que l'action de la justice peut maintenir les rapports du droit au devoir selon une déduction scientifique. Une atteinte au droit, un devoir méconnu se décompose nécessairement en dommage et culpabilité. Celle-ci, en sa qualité de fait moral, doit être expiée en proportion de la perversité qu'elle représente ; celui-là doit être réparé, non d'une façon complète, ce qui est impossible, mais dans la mesure des forces humaines. La réparation s'opère au détriment de l'auteur du dommage et, à son défaut, aux frais de la société, qui abdiquerait sa fonction de justicière si elle admettait qu'un de ses organes peut être blessé ou spolié sans obtenir réparation. Où existe le véritable état social, le vol entraîne indemnité pour le volé, l'injure entraîne réparation d'honneur, la blessure exige des soins assidus et une compensation du dommage causé, autrement la justice aurait moins de devoirs que de droits, ce qui est inadmissible.

Quant à l'expiation, elle doit être en raison directe de la méchanceté ainsi que des circonstances aggravantes ou atténuantes. Le criminel qui, sans participation de sa volonté, a vécu au sein de l'ignorance et de l'immoralité ; qui, dès l'enfance, a subi la contagion du vice, est bien moins coupable, pot un même délit, que l'homme instruit dans le sciences et la morale. Étant moins coupable, il do moins expier. Quant à la peine de l'un et de l'autr elle doit être un agent de moralisation fondé sur c fait qu'en lésant la liberté d'autrui on aliéne s propre liberté, qu'en opprimant on s'attire la con trainte, qu'en dérôlant on livre son bien, qu'en fa sant un infirme on se transforme en infirmie Jamais la répression du crime ne doit infliger la dot leur stérile, la torture de l'âme ou du corps. Tot cela est le mal et ne peut procéder de la justice sar lui faire perdre son caractère.

Si la justice ne peut faire le mal ou, ce qu revient au même, fausser le droit, elle ne peut lése la liberté, l'honneur ou les intérêts d'un innocen en poursuivant un coupable, sans réparer le dom mage causé. Elle doit réparation d'honneur pot les humiliations qu'elle inflige, elle doit indemnil pour les pertes pécuniaires, elle doit, de plus, s'ab tenir de toute violence et de toute injure envers le membres du corps social. Le coupable, lui-même, droit aux égards, par cela seul qu'il reste membı de l'humanité.

Quand la justice s'affranchit de ses devoirs, elle se met dans la situation de ceux qu'elle poursuit, elle porte atteinte à l'honneur ou à la propriété sans donner réparation ou indemnité, elle subordonne le droit individuel au droit social, elle devient coupable, ce qui entraîne la négation d'elle-même.

Ces considérations montrent assez que la peine de mort est extra-judiciaire; contre elle protestent la morale, la justice et cette masse de droits individuels qui se résument dans la vie. Meurtre et justice sont deux mots qui hurlent en se rencontrant. La logique ne veut pas que l'action de tuer qui supprime du même coup l'expiation, le repentir et la réhabilitation, toujours admis par la morale, puisse rien expier et à plus forte raison réparer; ni que le meurtre, le plus grand des crimes, puisse être un acte juridique, ni que la vie, principe de tout droit, puisse être supprimée par le droit.

L'être que l'âge ou la maladie rend irresponsable de ses actes, ne peut être soumis à l'expiation, car la culpabilité suppose la responsabilité. Mais qui n'est pas responsable peut être contraint à ne pas nuire. Dans cette catégorie des irresponsables viennent, à la suite des enfants, des fous et des idiots, ceux qui ont subi un esclavage quelconque, soit d leurs semblables, soit de la faim, soit de la misère soit de l'ignorance, soit du vice. Leur asservissemen les rend en partie irresponsables et la société qu n'a su donner ni le travail à leurs bras, ni la satis faction à leurs besoins, ni l'instruction à leur intel- ligence, ni l'éducation à leur sens moral, se con damne à ne pouvoir être juste : elle s'arroge le droi de punir en rejetant le devoir qui le légitime, ell sort des voies réelles de la civilisation.

VII

RAPPORTS DES PERSONNES SOCIALES.

Des personnes inviolables et souveraines dont les rapports supposent le droit, la liberté et la justice, arriveront forcément à la famille par la combinaison sociale des sexes et des âges; elles arriveront au municipe par la combinaison des familles, obligées de chercher dans un état supérieur les éléments de civilisation qui leur manquent. Les municipes, à leur tour, se grouperont en provinces qui, en s'unissant, produiront la nation ; et tout cela se fait sous l'influence de l'affinité sociale qui réside au cœur de l'homme et le pousse vers un agrandissement continu.

De l'individu à la nation inclusivement existent

donc cinq espèces de personnes sociales toutes invi(lables, toutes égales, toutes pourvues de droits et c devoirs respectifs. Si chacune avait les forces et l(fonctions de ses voisines, la justice serait impossible maintenir entre elles parce que la personne du degı supérieur, faisant cent fois plus et cent fois mieu ce que ferait la personne du degré inférieur, suı primerait la raison d'être de celle-ci et l'absorbera nécessairement. Les rapports des diverses personn(sociales supposent donc que chacune a sa vie prc pre, laquelle vie devient une fonction de l'organism supérieur.

Ainsi comprises dans la spécialité de leur existen(et de leurs actes, les personnes ont leur raisc d'être, et l'esprit n'a pas grand effort à faire poı comprendre que chacune puisse être pourvue de s(droits propres et de ses libertés. Les rapports org: niques deviennent possibles ; mais de même que l'iı dividu se brise, par le fait même de ses forces, si s volonté n'est guidée par la morale et par la raisoı de même les personnes sociales doivent se briser elles ne se gouvernent selon le droit et le devoir, liberté et la responsabilité. Le gouvernement de so même, qui appartient à toute personne morale, su pose donc que le municipe et la nation aussi bien que l'individu ont une volonté, une raison et une moralité capables de diriger leurs actes et de les maintenir constamment dans les limites de la loi sociale. Cette direction morale et organique des actes sociaux suppose que l'action de gouverner se décompose en une série de forces : ces forces existent en effet et portent le nom générique de pouvoirs.

Chez l'individu les pouvoirs sont la raison, la moralité et la volonté ; chez l'être collectif ils sont le délibératif, le judiciaire et l'exécutif.

VIII

RAPPORT DE LA RAISON INDIVIDUELLE AVEC LE DÉLIBÉRATIF.

De tous les monuments élevés par le génie de l'homme, le plus remarquable est certainement la science qui, usant de la faculté d'abstraire, s'attache à présenter dans une série de formules la loi de l'existence des êtres. Rien n'est merveilleux à étudier comme les diverses portions de la science, dont l'enchaînement fait, d'une multitude de vérités partielles, une seule et grande vérité. La physique voit de telles corrélations dans les forces soumises à son étude qu'elle les considère comme une seule et même force ; la philosophie voit de telles corrélations entre la loi physique et la loi morale qu'elle finit par les ranger dans une seule et même série. Dans le vaste enchaînement que forme la nature rien de ce qui dure ne peut être en contradiction avec la loi, et nulle loi ne peut être en contradiction avec ses congénères. Il suit de là que la raison supérieure des choses, que la force déterminant les rapports nécessaires des êtres est absolue dans l'espace et dans le temps. En face de cet absolu la vie humaine qui est éphémère et relative, ne peut que voir et constater. Elle constate en effet les rapports déterminés par la force immuable, elle les abstrait au moyen du signe et du langage, elle en donne la formule, elle manifeste la loi. Cette manifestation est le dernier terme de la puissance humaine ; quant à faire la moindre des lois, le genre humain tout entier n'y suffirait pas. Comment pourrait-il créer la raison première des choses, lui qui ne peut pas créer un grain de poussière.

Telle est la puissance de la loi que sa formule, publiée par un savant, s'impose aux intelligences et aux volontés les plus réfractaires. On croit comme on aime, sans pouvoir s'en défendre, aussi la démonstration et l'évidence sont-elles des forces capitales dans l'humanité. Il y a des temps de suffocation et de tyrannie où la manifestation de la loi est im possible et où les plus grandes vérités sont comm non avenues. Elles ressemblent à la lampe main tenue sous le boisseau. Leur efficacité n'appara qu'au moment où elles pénètrent dans l'âme de peuples, car une loi ne fait partie de la science qu par l'assentiment de l'humanité.

Ces résultats de l'intelligence individuelle s retrouvent dans l'intelligence collective, dans l pouvoir délibératif des sociétés. Il est aussi im puissant à faire une loi sociale que l'âme du savan est impuissante à faire une loi scientifique. Mais c qui ne peut se créer peut se découvrir, et ce qu se découvre peut se manifester, se publier, deveni effectif, enfin commander l'obéissance.

La science sociale, venue à la suite des autre sciences, se trouve comme elles et plus qu'elles livré à la discussion des principes et à la révision des faits elle n'a donc pas les caractères de fixité qu'exige l pouvoir : ajoutons que tout le monde concourt o peut concourir à la formation d'une science, que l premier venu peut se déclarer savant, tandis qu nul ne peut se déclarer partie d'un pouvoir.

Ceci fait comprendre que la fonction du pouvoi

délibératif consiste à puiser dans la science sociale les lois qui ont obtenu l'assentiment général et à déclarer que tous les organes de la société leur doivent obéissance. Il appartient encore au délibératif de grouper les lois par séries et de supprimer entre elles toute contradiction.

De même que la formule scientifique est réputée vraie tant qu'elle obtient l'assentiment général des savants, de même la formule sociale a force de loi tant qu'elle obtient l'assentiment du délibératif, qui peut toujours la modifier et la maintenir au niveau des progrès réalisés par l'esprit humain. Arguer du respect dû à la loi pour vouloir la garder quand elle est devenue fausse, c'est-à-dire quand elle a cessé virtuellement d'exister, c'est commettre la plus grave erreur sociale. Dans une période scientifique donnée, il ne peut donc y avoir chez une même nation et sur un même objet, qu'une seule véritable loi ; et si le pouvoir délibératif ne la manifeste, il manque à sa mission. Quand il a modifié ou découvert une loi, il est obligé de modifier toutes celles qui sont en contradiction avec la nouvelle venue, d'où ce travail incessant de rénovation qui partout accompagne la vie. Quand une société ne sait plus se réformer, elle est bien près de la mor

A côté des conditions nécessaires de la vie d(nations, il y a, comme dans la vie humaine, ur série de conditions contingentes et relatives qı varient avec une foule de circonstances. Elles n'oı plus le caractère de nécessité de la loi et donneı lieu à des règlements toujours subordonnés à celle- et n'exigeant obéissance que pour un temps déte: miné.

Lois et règlements sont tenus de respecter toı jours et partout la souveraineté, le droit et la liber qui caractérisent la personne individuelle et colle‹ tive. S'il en est autrement, la loi cesse d'exister « cessant d'être la vérité.

IX

RAPPORTS DE LA CONSCIENCE AVEC LE POUVOIR JUDICIAIRE

A considérer de près la conscience, on voit que sa mission est de tenir l'équilibre entre la raison qui représente le côté spéculatif de l'âme et la volonté qui en représente le côté réalisateur. La conscience dit à la pensée le bien, le beau et le bon; elle les dit de même à l'action, prévenant les écarts de la première et de la seconde, maintenant la pondération et l'harmonie qui représentent la santé de l'âme.

Dans la société, le judiciaire a une mission semblable. Il dit le beau, le bien et le bon des divers rapports sociaux; quand un pouvoir s'agrandit au détriment des autres, le judiciaire pèse sur l'op presseur, relève l'opprimé et ramène toutes chose aux proportions normales. Il agit de même à l'é gard des personnes sociales qui, en exagérant leur droits et leurs libertés, amoindrissent d'autant le droits et les libertés d'autrui. Cette action général de pondération revient nécessairement au judiciaire car elle est la justice chargée de maintenir partou l'équilibre entre les personnes sociales et leurs fa cultés.

De même que la conscience doit sonder les der niers replis de l'âme humaine, de même le judi ciaire doit surveiller les organes les plus infimes d la société. La conscience supprimée, il n'existe plu de morale, et l'humanité n'est plus qu'un vaste con flit d'idées, d'appétits, de désirs et de passions. La justice disparue du sein de la société, il ne reste que des intérêts hostiles et exaspérés par les plus détes tables passions. Mais si la morale sert de base à la justice, l'inviolabilité de la personne apparaît aus sitôt, le rapport du droit au devoir se trouve établi, nulle liberté ne s'altère, nulle force ne se brise nulle faculté ne se perd, et la vie humaine arrive à sa plus grande puissance; la morale collective étant aussi incapable d'entrer en conflit avec la morale individuelle, que l'organisme est incapable d'entrer en conflit avec l'organe.

La mission du judiciaire est, désormais, facile à tracer. S'il lui appartient de maintenir l'équilibre entre les divers pouvoirs, il doit être en état de réprimer le délibératif s'attribuant l'application des lois et ordonnances, ou votant ce qui n'est conforme ni au droit ni à la justice. Cela suppose chez le judiciaire un droit de *veto* pour ce qui concerne l'action des autres pouvoirs, cela suppose encore qu'il ne peut en aucun cas s'attribuer cette action; car s'il remplissait jamais les fonctions législatives et exécutives, le *veto* serait entre ses mains un agent de tyrannie. La répression des actes ou prétentions injustes du délibératif suppose donc, de la part du judiciaire dont la puissance est toute morale, alliance momentanée avec l'exécutif, de même que les illégalités de l'exécutif supposent l'alliance du délibératif avec le judiciaire. Ce dernier, lui-même, s'il aspirait à la suprématie, provoquerait l'alliance des autres pouvoirs et ne pourrait qu'échouer misérablement.

Il n'entre pas seulement dans les attributions du

judiciaire de maintenir l'équilibre entre les diver pouvoirs, il doit faire régner la justice entre le personnes de même ordre et les personnes d'ordr différent. L'individu ne doit pas seulement être pro tégé contre l'individu, il doit être protégé contr la famille, la commune, la province et l'État. L devoir de la justice est d'assurer les droits de l'op- primé sans lui faire courir aucun risque ni lu réclamer aucune indemnité, la propriété social devant suffire aux fonctions sociales.

Mais pour que la justice soit de force à réprime les empiétements de l'État, il faut qu'elle soit à s hauteur et possède action sur lui, de même qu'ell doit être à la hauteur de la province pour avoi action sur la province. Il en résulte qu'il y a de degrés différents dans le pouvoir judiciaire et de juridictions superposées, depuis la famille jusqu' la nation. Cette disposition, loin de nuire à la jus tice, lui est favorable en ce qu'elle permet l'appe d'un jugement qui peut être entaché de partialité à la juridiction supérieure. Les passions locales l'ignorance et la méchanceté ont ainsi moins d prise sur l'administration de la justice.

X

RAPPORTS DE LA VOLONTÉ AVEC LE POUVOIR EXÉCUTIF.

La volonté est la faculté merveilleuse qui donne à l'individu la disposition de ses forces physiques ou morales et lui permet d'exécuter ce que la conscience ou la raison estiment utile à l'organisme. En agissant ainsi, en faisant contracter les muscles sous l'impulsion d'autres facultés, la volonté semble, au premier abord, occuper une place subalterne, mais quand on analyse ses fonctions on la voit réagir sur la mémoire, sur l'attention et sur la réflexion qui font partie de la raison, on la voit réagir, de même, sur les sentiments; instincts, passions et affections qui font partie de la conscience.

En résumé, la volonté subit les nécessités du commandement ; elle dispose des forces individuelles à la condition de les mettre au service des autres facultés. S'il en était autrement, elle deviendrait maîtresse et souveraine ; ses actes sans raison et sans moralité ne représenteraient que la démence.

Semblable en tout à la volonté, l'exécutif met la force sociale au service du délibératif et du judiciaire, de la raison et de la conscience de la société, non pas comme un serviteur obéissant à des supérieurs, mais comme un pouvoir remplissant une fonction nécessaire à la souveraineté. L'exécutif subalterne n'est pas un pouvoir, et sa déchéance amène une lacune dans la souveraineté au même titre que la déchéance du délibératif et du judiciaire. Ces lacunes ne sont pas rares dans la vie des peuples et l'histoire montre constamment le triomphe des factions dans l'abaissement de l'exécutif, le triomphe de la tyrannie dans l'abaissement du délibératif, et la démoralisation sociale dans l'abaissement du judiciaire.

De même que les actes forts, rapides et précis de la volonté ne peuvent se comprendre sans l'unité d'impulsion ; de même l'exécutif ne peut obtenir la force, la rapidité et la précision dans l'acte social s'il n'arrive à l'unité en s'incarnant dans un homme. Tandis que la délibération, tandis que le jugement supposent le multiple et le divers, l'action veut une seule direction, un seul mobile, un seul ressort, d'où la nécessité d'incarner l'exécutif dans un fonctionnaire.

Ce dernier, du moment où il représente un pouvoir, ne peut émaner ni du délibératif ni du judiciaire; il ne peut relever que de la souveraineté. Une fois constitué il devient responsable de ses actes, et sa responsabilité lui donne le droit de choisir ses agents, ses subalternes, ceux qui doivent agir en son nom et exécuter ses ordres; elle lui donne le droit de destituer ceux qui, par incapacité ou mauvais vouloir, mettraient obstacle à ses commandements.

Bien que nommé par le pouvoir exécutif et n'ayant d'ordre à recevoir que de lui, le fonctionnaire n'abdique pas son titre de citoyen; il garde ses droits et ses devoirs; il relève du judiciaire comme tous les autres membres de la cité, il est justiciable des lois de son pays. S'il lèse le droit d'autrui, il peut être appelé devant les tribunaux et doit réparation de tout le dommage causé, autrement, avec la missior d'assurer l'ordre et la sûreté publique, il devient ur agent de trouble et de spoliation, ce qui est inadmissible. L'exemple des prétoriens, des strélitz, de mameluks et des janissaires montre assez qu'un nation doit prendre ses précautions pour que le dépositaires de la force soient subordonnés étroitement à l'action judiciaire et ne constituent pas un organisme distinct de la société. A cet égard un armée permanente est un danger permanent pou la liberté, et rien dans les lois de l'organisation n justifie son existence. Chez l'homme on ne voit n les ongles ni les dents des rapaces, il n'a pas d'organe spécial d'attaque ou de défense; il est nu, i est désarmé, et cette faiblesse apparente lui donn la force de l'instinct social. Une nation qui veut s modeler sur l'admirable structure du corps humain ne peut admettre chez elle l'élément militaire. De soldats la transforment en un organisme carnassier elle ressemble à un mouton qui, après avoir arm ses mâchoires inoffensives des dents du tigre, et se pieds fourchus des griffes du lion, se trouverait incapable de paître l'herbe de la prairie. Il lui faudrai alors apaiser sa faim avec du sang et des chairs palpitantes, il lui faudrait dévorer ses pareils et vivre dans l'isolement des bêtes féroces. Ainsi font les nations militaires et conquérantes; leurs canines et leurs ongles changent leur régime, leurs aptitudes et leur tempérament. La servitude qu'elles imposent à l'extérieur se réfléchit fatalement à l'intérieur, elles deviennent la proie d'une aristocratie militaire ou d'un général[1].

Pour que l'instinct de violence et de tuerie disparaisse de l'humanité, il faut que les forces de la nation ressemblent aux forces de l'homme qui, au jour du danger, trouve dans la vigueur de ses muscles, dans son adresse, dans les armes qu'il se fabrique, dans son intelligence et dans son courage les moyens de sauver sa vie. Une nation sans armée permanente peut défier la conquête et écraser sous sa masse les vieilles bandes qui prétendraient passer

1. Rome conquérante devait subir le joug de ses impitoyables patriciens ou de ses Césars; les Arabes de Mahomet et les Turcs du moyen âge étaient une proie devolue à l'avance à la théocratie; la France conquérante du commencement de ce siècle devait se livrer corps et âme à un empereur militaire; les Saxons d'Angleterre ne peuvent maintenir leurs immenses conquêtes et leur domination sur l'Irlande qu'en subissant leur aristocratie terrienne et mercantile.

sa frontière. Il est vrai qu'elle sera impuissante à soumettre les nations voisines, mais, loin de lui nuire, cette impossibilité de violer le droit d'autrui sera un élément capital de prospérité.

Sans prétendre entretenir des armées et soustraire des soldats aux droits ou aux devoirs des citoyens, l'exécutif ne doit pas moins organiser les forces de la nation, soit pour repousser une attaque du dehors, soit pour maintenir la police générale, soit pour prêter main-forte au judiciaire. Cette organisation doit être calquée sur celle du corps social, si bien que le municipe, la province et l'État disposeront toujours des moyens de dompter toute tentative d'individus isolés ou associés contre la sûreté publique. La force est le complément nécessaire de la justice, comme elle est le principe nécessaire de l'action. Sa suppression mène directement à l'impuissance.

Une autre fonction de l'exécutif qui correspond à la part que la volonté prend à l'intelligence sous forme d'attention, de mémoire et de réflexion, c'est l'instruction publique et l'enseignement qui sont indispensables au développement de l'intelligence de la société, à l'évolution de la science. Les archives, bibliothèques, musées, etc., qui font partie de la mémoire sociale, relèvent aussi de l'exécutif. Enfin il faut placer parmi ses fonctions les relations politiques et nationales avec l'étranger.

XI

RAPPORTS DES POUVOIRS POLITIQUES.

Le délibératif, l'exécutif et le judiciaire, qui représentent les fonctions capitales de la vie de relation dans la société, se résument dans le gouvernement politique. Mais un pouvoir étant une portion de la souveraineté et la souveraineté étant la représentation morale de la personne raisonnable et libre, il en résulte que le gouvernement comprend l'ensemble des personnes.

Mais il est impossible que tous les membres valides d'une population soient occupés à gouverner, sans qu'il y ait interruption des travaux qu'exigent la science, la culture et l'industrie ; sans qu'il y ait ignorance, famine et misère; ajoutons que tous les hommes ne possèdent pas l'intelligence et le caractère que demande l'exercice du pouvoir. Cette double difficulté est parfaitement résolue par le suffrage

Du suffrage. Considéré comme l'acte par lequel les personnes souveraines délèguent leur part de gouvernement à un certain nombre de mandataires; il est le droit de ceux que l'âge ou l'aliénation ne range pas parmi les incapables. S'il représente la part de gouvernement de la personne souveraine, et s'il y a autant de souverains que d'êtres doués de raison, de moralité et de volonté, la femme a le suffrage. Rien dans son être ne justifie l'incapacité qui atteint l'enfant, l'idiot ou l'aliéné. Quand la souveraineté féminine n'entre pas dans le gouvernement, la femme échappe à l'action des pouvoirs ou subit une tyrannie pesant du même coup sur les enfants dont elle est la protectrice naturelle.

Tout en reconnaissant à la femme les qualités qui donnent le suffrage on peut lui dénier celles qui donnent l'aptitude aux fonctions publiques. Sa faiblesse native et les fonctions de la maternité peuvent, en effet, lui créer des empêchements pour les actes qui exigent la force et la continuité ; mais des fonc tions publiques sont très-accessibles à l'élément fé minin qui doit retrouver de leur côté ce qu'il per du côté des fonctions exclusivement viriles. S'il e est autrement, la fécondité disparaît de la sociét méconnaissant l'équilibre qui partout et toujour doit se maintenir entre les sexes.

Des pouvoirs confiés par le suffrage ne peuven rester dans les mêmes mains que pendant un temp limité parce que le mandat est toujours révocable d la part de celui qui le confie, et parce que les acte d'une génération ne peuvent priver de leurs droit les générations suivantes. Ce que les pères ont fai légalement peut être fait à nouveau par les enfants et, si les premiers ont pu confier les pouvoirs à de gens de leur choix, les autres peuvent le faire éga lement. Les mêmes personnes ne sauraient donc, moins de délégation nouvelle du suffrage, garder l pouvoir pendant un temps supérieur à la duré d'une génération. Ce temps peut être beaucou plus court et varier avec les circonstances et la vo lonté des souverains. Mais ce que cette volonté n peut faire, c'est subordonner les uns aux autres de pouvoirs qui sont égaux par la force des choses o par la loi de leur existence. A supposer même que deux pouvoirs politiques se coalisent et parviennent à opprimer le troisième, celui-ci a toujours la ressource de donner sa démission et d'appeler ses adversaires devant le tribunal souverain des électeurs.

Le gouvernement, en se retrempant à sa source, reprend son équilibre naturel et les forces nécessaires à l'exercice de son mandat.

S'il n'existait qu'un degré de gouvernement, un degré de suffrage suffirait, mais du moment où, au-dessus du gouvernement municipal, existe le gouvernement provincial et le gouvernement national, il devient nécessaire que le suffrage suive la même progression. Direct et universel, quand il institue les pouvoirs municipaux, il s'élève au deuxième et au troisième degré pour correspondre aux pouvoirs de la province et de la nation. Or, le suffrage s'élève d'un degré quand les élus deviennent électeurs. La conséquence est que les citoyens recevant du suffrage universel les pouvoirs municipaux que comprend une province, nomment les représentants des pouvoirs provinciaux, lesquels représentants nomment à leur tour les dépositaires des pouvoirs nationaux.

Cette hiérarchie qui est dans les voies et moyens d la force d'organisation modère les fluctuations d suffrage universel, en même temps qu'elle établi entre les pouvoirs et les personnes sociales l'harmonie indispensable à la santé des nations.

LIVRE QUATRIÈME

I

DE LA LOI ÉCONOMIQUE

De même que la loi politique a pour sujet la personne intelligente, morale et libre, et pour objet les rapports déterminés par les forces et qualités morales de cette personne, de même la loi économique a pour sujet la portion de l'être humain soumise à la loi organique et les rapports déterminés par la satisfaction des besoins ou appétits. La loi politique assure la liberté de l'âme en lui donnant la souveraineté, la loi économique assure la liberté du corps en lui donnant les moyens de pourvoir à ses besoins.

L'homme se passe encore moins d'aliments qu d'idées; aussi l'assimilation, la circulation et la n trition sont-elles nécessaires à sa vie organique, to comme l'intelligence, la conscience et la volon sont nécessaires à sa vie de relation. Dans la v collective, les fonctions organiques sont représenté par la production, la circulation et la consomma tion, dont il nous reste à déterminer les rappor en nous fondant sur les enseignements de la physi logie.

Chez l'individu, les fonctions qui président l'entretien du corps établissent leurs relations a moyen d'un organe commun, le sang, qui est l'a gent capital et premier de tous les actes de comp sition ou de décomposition de l'organisme. Si parité de la vie individuelle et de la vie collecti n'est pas une chimère, on doit retrouver dans corps social l'organe qui établit les rapports de production, de la circulation et de la consomma tion. Cet organe existe en effet; il se nomme la pr priété : il pourvoit à l'accroissement, à l'entreti et à la santé des organes de la nation; il suffit à to les besoins de la consommation; il renferme to les éléments de la vie économique; il peut se div ser à l'infini et se mettre à la portée de tous les besoins, exactement comme le sang pourvoit à l'accroissement, à l'entretien et à la santé du corps humain, comme le sang suffit à tous les besoins de la nutrition, comme il renferme les éléments de la vie organique, comme il se divise en globules proportionnés à la cellule et à la fibre. La parité est complète.

II

DE LA PROPRIÉTÉ ET DE LA POSSESSION

Il est impossible de trouver au sang d'autre or: gine que l'assimilation, chargée de transformer les al ments en chair coulante, et cette indication physic logique montre assez que la propriété ne peut avo: d'autre origine que la production. De même, si l portion de sang qui afflue dans chaque organe e: en raison directe de l'activité qu'il déploie et de l vie qu'il apporte à l'organisme, la part de proprié: dévolue à l'individu est en raison de sa productio et de la richesse qu'il apporte à la société. Il fa sien le produit de son intelligence et de ses bras ; se donne une consommation soit dans le prései soit dans l'avenir ; il acquiert le titre de propriétair

Les caractères de la propriété individuelle semblent être la négation de la propriété collective, car si les individus se réservent tout le fruit de leur travail, la société, qui n'a pas de bras, se trouve hors d'état de produire. Chercher la propriété collective dans l'impôt, dans un prélèvement sur la propriété individuelle, c'est détruire le principe de celle-ci, qui ne peut appartenir simultanément à deux personnes. Elle n'est plus à l'individu s'il ne peut empêcher la société de s'en attribuer une partie.

En présence de cette difficulté qui paraît insoluble, il faut se rappeler qu'il ne saurait y avoir de lacune dans les lois de l'organisation. Affirmons à l'avance que la propriété collective existe, et mettons-nous en devoir de la découvrir.

En observant ce qui se passe dans les faits agricoles, on voit que la moisson n'apparaît guère où la main de l'homme se dispense de labourer, de herser et d'ensemencer. S'ensuit-il que le travail de l'homme ait seul produit la moisson? Pareille assertion n'est pas soutenable. Une part de production revient à la terre, une part revient à la pluie, une part revient à l'air, une part revient à la lumière, à la chaleur, à l'électricité, etc., et toutes ces pai échappent à l'individu qui ne saurait s'appropri ce qui n'est pas le fruit direct de son travail. Da la production industrielle se présente un fait an logue. A côté de ce que fait la main ou l'intel gence de l'homme, il y a ce que fait l'eau du m teur hydraulique, le feu de la machine à vapeu les leviers divers, enfin l'instrument sous toutes s formes.

Ce produit de l'instrument qui, sous l'empire (la loi organique, ne saurait être attribué à l'ind vidu, forme précisément la propriété collective. I société, s'appropriant ainsi le produit des élément de la science, de l'art et de tout ce qui fait partie (son corps ou de son âme, s'appropriant, en t mot, le produit de tout ce qui est collectif, trouve en état de pourvoir à sa consommation et ses dépenses, en respectant d'une façon absolue (qui appartient à l'individu. Une déplorable conf sion entre les deux propriétés cesse à l'instant, l'on voit disparaître du sein des nations des misèr qu'il faut attribuer, non à la méchanceté, comn tant de moralistes se plaisent à le dire, mais au conditions fâcheuses qui sont imposées aux apt tudes économiques de l'humanité. Chaque jour, en effet, on voit des hommes qu'il ne faut pas incriminer, car ils ne font que suivre les errements du droit et de l'économie officiels, se faire détenteurs des instruments et propriétaires de leurs produits, se mettant ainsi dans toutes les conditions du luxe sans fournir le moindre travail à la société. Mais le labeur dont ils se dispensent retombe forcément sur autrui ; mais ce qu'ils enlèvent de la propriété sociale est prélevé, sous forme d'impôt, sur le produit du travailleur. Ce dernier, obligé de payer le loyer de l'instrument et de payer en outre, les dépenses sociales, est fatalement condamné à la misère et à toutes ses conséquences. Le labeur sans trêve ni merci, qui lui permet à peine de soutenir sa triste existence, doit compenser l'oisiveté de celui qui détient les instruments de la production et se dispense de travailler. Rien de semblable ne sera possible le jour où la propriété individuelle et la propriété collective seront dans leurs conditions normales. Le mal du luxe et le mal de la misère, l'oisiveté et le travail épuisant n'auront plus de place dans la vie des nations : ils seront remplacés par l'abondance, par l'activité et par les loisirs qui sont indispensables au développement des forces hu maines.

La détention des instruments par l'individu ‹ l'appropriation du sol ont jeté la confusion dans l‹ idées qui concernent la propriété. Celle-ci, en s'‹ tendant au delà de ce qui se produit et de ce qı se consomme, n'a plus trouvé de limites. Elle s'e attribué les éléments sans voir combien il est al surde de prétendre disposer des principes de la v universelle, de ce que la nature fait pour tout monde; elle a donné de vastes domaines à celui qı est impuissant à créer un atome de poussière. D‹ venu propriétaire du sol, l'homme s'est appropr son semblable et l'a fait esclave; il s'est appropr le travail, les facultés et le temps du serf; il s'e approprié l'honneur des vierges et des épouses; s'est approprié l'étude, l'enseignement, la produ‹ tion, la circulation et la consommation; il s'e approprié bien au delà des limites de l'absurde.

En réalité, le corps et l'âme de l'être moral r peuvent être une propriété, pas plus que la lumièr‹ le calorique, l'électricité, l'air, l'eau et la terre. Ur nation ne peut pas plus vendre son territoire c acheter le territoire de la nation voisine, qu'u homme ne peut vendre sa chair ou acheter la chair de son voisin. On ne saurait, de même, aliéner la science qui produit les merveilleuses machines de l'industrie, ni l'art qui préside à la fabrication ; ce sont des facultés sociales dont on ne doit pas plus trafiquer que de l'âme des individus. Si le contraire se produit, le droit social est faussé nécessairement, et il arrive qu'un individu peut expulser du territoire dont il se dit propriétaire une commune tout entière, comme la chose s'est vue en Irlande ou en Écosse, à une époque voisine de nous. Que devient alors la souveraineté individuelle et communale ? Des conséquences absurdes ne découlent jamais de principes vrais, et si la propriété des éléments entraîne la négation des droits individuels ou collectifs, on peut affirmer que cette propriété n'existe pas. Au contraire, ce qui est produit par l'organisme individuel ou par l'organisme collectif peut être vendu, acheté, consommé et même détruit, sans qu'il en résulte aucune atteinte au droit de la personne et à la prospérité sociale.

Considérée comme condition de vie, la propriété est un droit de la personne. Le devoir corrélatif est nécessairement la production, si bien que chacun, exigeant le fruit complet de son travai ne peut consommer que ce qu'il produit. Le rappoı de la production à la consommation devient ain: la formule de la propriété, qui reste étrangère à c qui ne peut se produire ou se consommer, à ce qı est inaliénable comme portion de l'être raisonnable moral et libre.

En limitant ainsi le domaine de la propriété o: marque celui de la possession qui, en dehors d droit de vendre, d'acheter, de consommer, de dé truire et de disposer, suppose le droit d'employer Un sol qui n'a pas de propriétaire, mais fait parti du corps social, ne doit pas, pour cela, être enlev à l'agriculture et rester stérile. L'individu, dans l fait de la location, dont le prix représente la forc productrice de la terre, peut fort bien en être posses seur et en tirer une moisson qui le récompensera d ses peines; il peut, de même, louer la force motric d'un cours d'eau ou d'un courant d'air; il peu louer du calorique, de la lumière ou de l'électricité il peut louer les bras d'un homme, sa science, sor talent, son activité; il peut employer, au profit d(la production et de la propriété, les agents dont i ne saurait être propriétaire.

Il reste à déterminer si tout ou partie de ces agents peut être une propriété. L'économie actuelle dit oui, l'économie de l'avenir dit non. Elle dit non, parce que l'instrument de production, qu'il soit intelligence, talent, adresse ou muscle, doit faire nécessairement partie de la personne individuelle, tandis que, sous forme d'éléments, de science, d'art ou de capital, il fait nécessairement partie de la personne collective, parce que l'instrument, quand il est remis aux mains d'un propriétaire, devient agent de tyrannie et de corruption, en permettant aux uns de consommer sans produire, tandis que d'autres produisent sans consommer. Un pareil déni de justice ne peut trouver sa place dans les lois économiques, parce que le principe d'organisation exclut toute idée de contradiction dans la science sociale. Vainement on objecte l'épargne de l'individu, le capital qui en résulte et la faculté de transformer celui-ci en instrument! L'épargne des temps de prospérité pour obvier aux temps de disette, l'épargne faite en vue du repos ou des loisirs n'a rien que de légitime, car il importe peu à la justice que le fruit du travail soit consommé actuellement ou plus tard par le propriétaire ; l'essentiel est que nul ne subisse une spoliation. Mais celui qui aura la prétention de se faire un capital industriel, qui est nécessairement social, puisqu'il ne peut exister qu'au sein de la société, qui convertira ce capital en une machine construite avec les indications de la science et de l'art, deux facultés également sociales, et qui prétendra devenir propriétaire de forces collectives pour les faire produire indéfiniment au profit de son individu, celui-là est en contradiction formelle avec les lois de la propriété et celles de la possession. Il faut en conclure que l'instrument ne saurait être une propriété et que le prix de sa possession est toujours dû à l'organisme individuel ou collectif dont il fait partie. Alors seulement il peut y avoir justice distributive, cessation du luxe et de la misère, abondance générale et rapports directs de la production à la consommation.

III

DE LA PRODUCTION

Avant d'analyser une fonction sociale dont l'objet est d'approprier aux besoins de l'humanité les êtres qui l'entourent, il est utile de chercher dans la physiologie un modèle de cette fonction et de prendre la vie individuelle pour modèle de la vie collective. Ce qui, dans le corps humain, correspond à la production est l'assimilation qui, tout en appartenant à la vie organique, s'adresse à la volonté pour en obtenir la préhension des aliments, leur mastication et leur déglutition. Elle emprunte également au sens du goût les moyens de diriger la faim et la soif capables de commettre des erreurs déplorables quand elles ne prennent pas la saveur pour auxiliaire.

Cette intervention de la vie de relation dans le fonctions digestives, les soumet aux prescription de la morale et établit une transition nécessair entre les actes volontaires et ceux qui sont soustrait à la volonté.

Une fois ingérés, les aliments appartiennent entiè rement à l'action viscérale qui continue à les élabore et à les transformer en chyle, en sang et en principe réparateurs. Chaque degré de cette transformatio exige un appareil spécial. L'estomac recevant le bo alimentaire convenablement trituré et imprégné d salive, le transforme en chyme au moyen d'un action mécanique et des sucs qui lui sont propres Dans l'intestin grêle qui fait suite à l'estomac l chyme achève sa dissolution au moyen de la bile e du suc pancréatique, bientôt naît sous forme de fi laments blancs et laiteux le chyle; le principe du sang qui est absorbé dans le reste du tube digesti par les vaisseaux lymphatiques, se rend dans le ca nal thoracique et passe de là dans le systèm veineux. Pendant ce temps, les boissons et les partie les plus liquides de l'aliment sont absorbées pa les radicules de la veine porte et conduites dans le foi qui en opère la filtration et en extrait, sous forme d bile, ce qui pourrait nuire à l'organisme ou gêner la circulation.

Dans ces opérations multiples on ne peut méconnaître la division, la spécialité et l'enchaînement des fonctions, on ne peut méconnaître surtout des précautions multipliées pour assurer la bonne qualité des produits. Trop souvent ces précautions sont mises en défaut, et le poison, trompant la vigilance du foie ou des glandes lymphatiques, s'infiltre dans la circulation. Là encore il rencontre plusieurs agents d'élimination ou d'excrétion; tant il est vrai que l'excellence des produits de l'assimilation est une condition capitale de vie.

La loi organique exigeant que les corps vivants se produisent au détriment d'autres corps, qu'un mouvement, se produise au détriment d'un autre mouvement ne saurait s'appliquer à l'organisme social sans lui demander les actes de l'assimilation. Ces actes, connus sous le nom de production, ne signifient nullement la création des objets nécessaires à la vie. Rien ne se crée, pas plus un atome qu'une force ou une loi; mais tout se modifie et se transforme, si bien que le nombre est infini des êtres qui peuvent s'adapter à l'organisation. Pareille adaptation donne de l'utilité à ce qui était inutile moyennant dépense de force, d'intelligence et de talent. Mais une telle dépense ne se fait pas si elle n'a un mobile, si elle n'est déterminée par la faim sociale, par la disette ou la rareté

Étant pourvue d'un stimulant et d'un mobile, la production a besoin d'un guide capable de rendre ses produits conformes aux besoins de la société. Ce goût industriel est un élément capital de civilisation. C'est lui qui a fait, en bonne partie, la grandeur d'Athènes, d'Éphèse, de Babylone, d'Alexandrie, de Florence et de tant d'autres cités célèbres. Il a fait que tel vase d'argile vaut dix fois son pesant d'or, il a fait cette suprême élégance des choses de la Grèce qui finissait par conquérir ceux qui l'avaient conquise. C'est donc avec grande raison que se multiplient dans les centres industriels les musées, les conservatoires, les collections et les modèles artistiques représentant dans leur ensemble le goût des nations.

Pour transformer la matière première en chyle social, la production, si elle veut être fidèle aux lois de l'organisation, imitera les fonctions digestives faisant subir aux aliments, par des organes distincts, une série d'élaborations qui les pénètrent de vie et les amènent à l'état de chair coulante. Il en résulte à la fois dans la production digestive une succession et une division qui seront transportées dans la production sociale si les ouvriers nécessaires à une élaboration se groupent dans l'atelier, et si les ateliers nécessaires à une fabrication complète se groupent dans l'usine. Alors la production se trouve dans les conditions les plus favorables, ainsi que le démontre le simple empirisme économique.

Admettre la spécialité des fonctions et la division du travail chez des êtres qui ne peuvent contenir individuellement qu'une partie des éléments de la civilisation, c'est se conformer aux lois de la nécessité ; c'est en outre faciliter l'acquisition du talent, c'est augmenter le nombre de ceux qui sont aptes à produire, c'est favoriser la concurrence qui se retrouve partout dans la nature chez ceux qui sont en présence d'un bien à obtenir. De même que la concurrence vitale force les plantes et les bêtes à utiliser tous les éléments de vie que renferme la nature, de même la concurrence économique force les producteurs à utiliser toutes leurs ressources. Elle les force à faire constamment aussi bien, sinon mieux, que leurs émules, et arrive de la sorte à réaliser cette bonne qualité de la production que l'organisation des animaux et des plantes met tant de soins à obtenir.

A côté de ces conditions organiques et générales de la production comparée à l'assimilation, se trouvent les conditions spéciales, celles surtout qui tiennent aux rapports du travail et de l'instrument, les deux agents de la propriété.

Travail.—Considéré dans son ensemble et pris sous ses formes musculaire et cérébrale, le travail tout entier est le fait de l'individu qui a droit d'en réclamer le fruit comme sa propriété exclusive. L'action d'un levier, d'une machine, d'un champ, d'un bœuf ou d'un cheval n'est pas du travail, mais ce peut être de la production, qui ne saurait devenir propriété individuelle puisqu'elle n'émane pas de l'individu.

Du moment où le travail est le seul moyen d'obtenir la propriété individuelle, il faut le rendre productif autant que possible. Or ses fruits sont peu de chose quand l'apprentissage n'a pas rendu les membres adroits et forts, quand il n'a pas rendu la cervelle sagace et attentive, quand il n'a pas doué l'homme de talent. Cette obligation de s'exercer à l'avance, et d'apprendre, avec plus ou moins de temps et de dépense, fait que l'individu, s'il veut produire beaucoup et bien, doit se consacrer à une seule production ; la spécialité du travail amène sa division, jusqu'au moment où l'ouvrier devient simple instrument et s'abrutit. C'est ainsi que l'analyse du travail le fait rentrer dans les conditions générales de la production et sert de preuve à ces dernières.

Mais lorsque cent ouvriers fabriquent les cent pièces qui doivent composer une machine, ils ne peuvent rester, chacun en ce qui le concerne, propriétaires du fruit de leur travail. Les pièces de la machine sont sans utilité si elles ne s'adaptent les unes aux autres, tandis que l'utilité est complète par le fait même de l'adaptation. Un seul travailleur, prétendant user de son droit de propriété pour détenir ou anéantir son produit, rend inutile le travail des autres ouvriers et paralyse leur propriété dans leurs mains, ce qui est contraire à la loi économique et ne peut rentrer dans les lois de la production. Si cent ouvriers sont nécessaires pour fabriquer un produit complet, selon la division du travail, ils doivent nécessairement être associés ou engagés par avance à livrer ce qu'ils fabriquent à l'action commune; la division a, de la sorte, pour corollaire l'association, et toutes deux, en se combinant, parviennent à tripler ou à quadrupler le produit d'une même somme de travail. Elles font que la plus vaste industrie peut donner place au labeur de l'individu, elles font que plusieurs industries peuvent s'organiser en série, elles font enfin que tout travailleur peut obtenir une propriété exactement pareille à ce qu'il produit.

Admettons, pour un moment, que les travailleurs d'une même industrie aient la même part dans ce qui est fabriqué, bien que certains travaux exigent une plus grande force, une plus grande habileté ou un plus long apprentissage. Les ouvriers qui produiront plus qu'ils ne reçoivent se sentiront spoliés. Ils chercheront à briser l'association, qui toujours est un fait facultatif et volontaire, ou bien ils travailleront mal. La fabrication en souffrira, elle perdra de sa valeur, et la dépréciation atteindra jusqu'aux malhabiles qui croyaient tirer avantage de l'égalité des salaires. Leur véritable avantag eût été d'attirer dans l'association des ouvriers habiles en leur attribuant le fruit complet de leur travail. L'excellence de la fabrication des uns eût rehaussé le travail médiocre des autres, et tout le monde eût bénéficié de la plus-value du produit.

Ici, comme en mille autres circonstances, éclate la preuve que les principes de l'économie sociale sont partout et toujours conformes à la justice, et que ceux-là se trompent grandement qui prétendent faire de la prospérité industrielle ou agricole avec de la spoliation. Ne nous lassons pas de répéter qu'une loi, qu'elle soit physique, morale, politique ou économique, ne peut être en contradiction avec une autre loi, qu'une vérité ne peut être en contradiction avec une autre vérité, qu'une science ne peut être en contradiction avec une autre science, et qu'une fonction ne peut être en contradiction avec une autre fonction; ajoutons enfin que les lois, les vérités, les sciences et les fonctions sont toutes corrélatives, conformes et harmoniques : s'il en était autrement, la raison humaine ne serait qu'un leurre et le mot d'organisation n'aurait pas de sens. On peut donc être certain à l'avance que l'atelier le plus prospère sera celui qui, toutes choses égales d'ailleurs, saura établir les rapports entre la division et l'association du travail de la façon la plus équitable, et saura encourager les efforts des ouvriers en attribuant à chacun ce qu'il produit et en rendant l'excellence de la fabrication conforme à l'intérêt de tous.

Instrument. — Ce n'est pas assez, pour la production, que les forces physiques et morales des hommes s'associent d'une façon équitable, il faut encore qu'elles prennent, pour auxiliaires, les forces et les agents de la nature. Les agriculteurs du monde entier sont impuissants à fabriquer un grain de blé s'ils n'utilisent les forces de la terre, de l'eau, de l'air, de la chaleur et de la lumière : à plus forte raison ne peuvent-ils produire un poisson ou un bœuf. Le meilleur nageur est impuissant à transporter un tonneau de marchandise au delà des mers s'il n'emploie une embarcation ; cent mille ouvriers ne peuvent dresser un obélisque sans le secours des leviers. Il en résulte qu'une part dans la production n'appartient pas au travailleur, mais aux agents de la nature, aux forces motrices représentées par le vent, les cours d'eau, le feu et l'électricité, enfin aux machines et aux leviers inventés par la science.

En économie, tout agent de production qui n'émane pas directement de l'homme prend le nom générique d'instrument. Or, si la propriété individuelle se compose exclusivement des fruits du travail de l'individu, elle ne peut élever aucune prétention sur ce que produit l'instrument. C'est pour n'avoir pas voulu étendre cette loi de justice distributive à l'économie des nations, que des milliers de maux ont torturé les hommes. L'instrument et ses produits devenus propriété individuelle ont engendré le luxe, la misère et la corruption; ils ont engendré des haines ardentes entre les classes sociales; ils ont rendu l'homme malheureux et méchant.

Les choses seront bien près d'arriver à leur état organique lorsque l'individu sera propriétaire exclusif du fruit de son travail, lorsque la société sera propriétaire exclusive du produit de l'instrument. Le droit et le devoir de travailler chez l'un rencontreront chez l'autre le devoir et le droit de fournir les instruments, et ce rapport juridique trouvera dans la loi économique cet autre rapport : que le travail féconde l'instrument autant que l'instrument féconde le travail. Justice et production sont ic parfaitement d'accord : aussi la solidarité des intérêts entre le travail et l'instrument doit-elle remplacer leur antagonisme séculaire. Le produit de l'un sera en raison directe du produit de l'autre, l'individu ne pourra s'enrichir sans que la société s'enrichisse dans les mêmes proportions, et réciproquement.

Une autre conséquence est que la société, en augmentant ses moyens de production par l'accumulation des instruments, augmente dans les mêmes proportions la somme du travail nécessaire. En accroissant ses richesses, elle accroît la somme des services qu'elle peut demander et payer aux individus; elle se donne les moyens de perfectionner l'éducation, d'encourager les sciences et les arts, la morale et la justice, qui tous sont des éléments de prospérité et rapportent invariablement plus qu'ils ne coûtent. C'est ainsi que le bien est fauteur du bien, comme le mal est fauteur du mal.

On désigne les instruments infiniment variés qu'invente le génie de l'homme et une partie de ceux que fournit la nature, par le mot de capital. Mais lorsque la terre, l'eau, les mines, etc., ne pourront ni s'acheter ni se vendre, lorsque la force motrice et la machine ne pourront passer aux mains de l'individu sans payer leur loyer à la société, le capital changera de caractère. A cette heure, il permet aux individus qui en ont fait leur propriété, de consommer sans produire et de déverser sur autrui la somme de travail nécessaire à l'entretien de leur luxe, mais rien de semblable n'est possible le jour où le capital est partie intégrante de la société. Nul ne peut imposer à ses voisins la somme de travail dont il se dispense; chacun est sûr de pouvoir consommer tout ce qu'il produit.

Mais la société ne saurait faire valoir ses droits sur le capital sans accepter le devoir corrélatif de le mettre aux mains des travailleurs, et le devoir pour ces derniers de louer le capital suppose nécessairement le droit au travail. Cette disposition juridique n'a rien d'excessif, alors que la société a autant d'intérêt à prêter que le travailleur à emprunter ; la grande difficulté est d'établir le rapport du prêt à l'emprunt de telle façon que le capital et le travail obtiennent dans leur produit commun la part la plus conforme à la justice. Ceci est, en grande partie, l'affaire du *crédit*, mot dont l'acception a varié constamment dans l'opinion des peuples et dans celle des économistes, selon l'idée qu'ils se faisaient de la propriété, du travail et de l'instrument ou capital.

Du crédit. — Les chrétiens des premiers siècles, les Pères de l'Église, et les peuples en général, ont nommé crédit le prêt gratuit d'un capital, d'un instrument ou même d'un service, tandis que les économistes nomment crédit le prêt moyennant rétribution proportionnée au service que rend le capital ou aux risques qu'il peut courir; la justice économique, en attribuant l'instrument ou capital à la société, veut qu'il lui rapporte toute la part, mais rien que la part, qu'il prend dans la production, abstraction faite de tout intérêt. Ce dernier étant alloué d'une façon à peu près uniforme au capital tout entier, autrement dit à l'instrument, alors que ce dernier prend dans la production tantôt la moitié, tantôt la vingtième partie de la valeur qu'il représente, est une erreur de justice distributive; c'est en outre une erreur économique arrivant à supprimer les industries dont l'instrument ne produit pas en proportion de ce qu'il coûte, bien qu'elles soient très-utiles à la société. Admettons, au contraire, que, par suite d'un capital dévolu exclusivement à l'être collectif, l'intérêt soit supprimé dans son uniformité actuelle et que le loyer de l'instrument soit proportionné à sa force de production, il arrivera que le capital emprunté par le travailleur rapportera tantôt 1 pour 100, tantôt 25 p. 100, et que mille industries, actuellement impossibles, ne le seront plus du moment où la société enrichie aura intérêt à multiplier des instruments même improductifs pour elle. On la verra transporter de la terre sur des rochers dénudés et convertir en coteaux fertiles les montagnes les plus arides ; on la verra recueillir les eaux dans de vastes réservoirs et les convertir en moyens d'irrigation. Qu'importe que ces champs et ces vignes créés au prix de mille dépenses, que ces lacs, ces digues et ces canaux rapportent un intérêt dérisoire eu égard à ce qu'ils ont coûté, s'il en résulte de belles vignes et de gras pâturages? Un travail immense aura été accompli, et la richesse que représentent les instruments agricoles créés de toutes pièces aura passé dans les mains des travailleurs. La société, au lieu d'être appauvrie, aura une richesse de plus, après avoir enrichi les individus qui la composent.

Tant que l'intérêt du capital déterminera les avantages attachés aux entreprises industrielles ou agricoles, une foule de travaux réclamés par l'intérêt général ne pourront s'accomplir. Les montagnes ne se reboiseront pas, la grêle et les ouragans, dont l'effort ne sera pas brisé par des lignes d'arbres habilement disposées, désoleront les campagnes, quantité de marais ne se dessécheront pas, de vastes plaines resteront arides, des mines seront inexploitées, mille fabrications seront impossibles. Le contraire se produira sitôt que la société détiendra le capital et n'aura aucun intérêt à lui payer.

C'est ici le cas de se demander s'il n'y a pas tyrannie à dénier à l'individu le droit de convertir son épargne en instrument et d'en garder le produit. La réponse est que cette manière de faire, outre qu'elle dépouille de ses revenus la personne collective, met le capitaliste, ainsi que sa famille et ses descendants, en situation de consommer à perpétuité sans travailler et de déverser sur autrui le labeur dont ils se dispensent. Un état aussi contraire à la justice, un état fauteur de luxe et de misère ne saurait être conforme à la véritable loi économique; il ne saurait accuser de tyrannie les institutions qui le rendent impossible, pas plus que les institutions prohibant les autres méfaits sociaux. Quand la liberté des uns entraîne la servitude et la dégradation des autres, elle change de nom, et se nomme licence.

Il est vrai qu'en enlevant l'instrument à l'épargne individuelle on lui ôte un puissant encouragement : mais il ne faut pas oublier qu'épargner c'est s'abstenir de consommer, et qu'une moindre consommation entraîne une moindre production, ainsi que cela sera démontré en son temps. La prospérité économique veut que l'individu consomme comme il produit et n'épargne que dans l'intérêt de ses loisirs, de sa liberté ou de sa culture morale. Quand il est trop économe, il nuit à la prospérité générale ; il enlève à la production l'encouragement nécessaire, il rend le travail moins fructueux pour la femme, le vieillard et l'adolescent qui, sous un régime vraiment économique, doivent trouver à gagner leur vie sans s'exténuer dans un labeur abrutissant.

Pour résumer ce qui concerne la production et en obtenir la loi, il faut peser dans les balances de la justice les termes propriété, travail, instrument et crédit, afin d'en obtenir les rapports. Propriété individuelle et collective veut que le droit au travail entraîne le devoir à l'instrument et que le droit à l'instrument entraîne le devoir au travail. La part faite à la propriété collective dans la production suppose la gratuité du crédit, parce que l'instrument ne saurait exiger, en dehors de ce qu'il produit, la moindre rémunération sans devenir spoliateur à l'égard du travail, et porter atteinte à la propriété individuelle. Du rapport naturel et juridique des termes qui concourent à la production naît forcément, entre l'individu et la société, la solidarité dans la richesse. Ce qui naît, en outre, c'est un capital social qui, s'agrandissant sans cesse, agrandit le travail dans les mêmes proportions et produit l'abondance des biens, sans lesquels l'homme est esclave de ses appétits et s'élève à peine au-dessus de la brute.

IV

DE LA CONSOMMATION.

S'il est manifeste que dans l'être vivant les forces sont le produit d'autres forces, les mouvements sont le produit d'autres mouvements, les molécules sont le produit d'autres molécules, les dépenses résultant des actes de la vie humaine exigent des réparations puisées par la production dans le monde extérieur. L'agent réparateur du corps humain est le sang qui, mis en contact avec les organes, les nourrit, les ravive, les réchauffe et les réconforte en proportion de leurs fatigues ou du travail qu'ils ont accompli. Un appareil est-il livré à la paresse ou à l'inertie? la nutrition l'abandonne, il diminue de volume, il est menacé d'atrophie, alors que l'appareil actif et livré à un labeur incessant croît e: vigueur, au lieu de s'épuiser. Seul le physiologist peut constater avec quelle justice la nutrition sold à chaque organe ce qui lui est dû, avec quel soi: elle distribue aux tissus divers les éléments orga- niques dont ils se composent.

A côté de cette force de composition se place la force d'élimination qui rejette au dehors, sou forme d'excrétion, ce qui est usé et désormais im- propre à la vie. L'équilibre des deux forces est l: santé, leur disproportion est la maladie qui se pro nonce sitôt qu'il y a insuffisance ou excès, soit d la réparation, soit de l'élimination. Quand celle-c l'emporte, il y a maigreur, épuisement et consomp tion; quand celle-là prend la suprématie, il y a pléthore et bientôt inflammation.

Il se peut cependant que la nutrition, en plei: état de santé, fasse ses provisions pour les besoin à venir, et accumule l'épargne sous forme de graisse L'assimilation peut, dès lors, être suspendue san: que la réparation cesse de se produire, libre qu'ell est de puiser à son épargne au lieu de puiser dan les produits de la digestion. Cette disposition perme aux animaux voyageurs d'opérer leurs longues mi grations et de supporter des jeûnes qui, sans cela, seraient incompatibles avec des efforts continus. Une caille qui doit franchir la Méditerranée part toujours grasse des rives d'Europe et arrive maigre sur les rives d'Afrique. Le travail excessif de ses ailes suffit pour dévorer en quelques heures les économies résultant d'un mois d'abondance.

Aucune fonction organique n'échappe à la vie de relation plus complétement que la nutrition, aucune ne s'isole plus complétement de la volonté et de l'entendement. L'assimilation trouve dans le goût et les appétits des moyens de communiquer avec les fonctions cérébrales, mais rien de pareil ne se remarque dans les actes nutritifs : ils peuvent aboutir au dépérissement, à la pléthore et à l'hypertrophie, sans qu'il en résulte aucune sensation, et quand les signes extérieurs permettent de constater d'une façon purement objective l'un de ces états, la volonté est impuissante à les modifier directement ; elle est obligée de prendre une voie indirecte et de peser sur des fonctions organiques qui lui sont plus accessibles.

Pour suivre l'exemple qui lui est donné par la nutrition, la consommation devra se maintenir dans le corps social en rapport direct avec l'élimination, qui dépend elle-même de la quantité de force ou de travail dépensé.

L'organe qui agira beaucoup devra consommer beaucoup, celui qui agira peu devra consommer peu et toute contravention à cette loi d'organisation aboutira fatalement à une maladie sociale. S'il y a insuffisance dans la consommation on verra se produire le dépérissement et l'amoindrissement de l'être; si la consommation est trop considérable, il y aura perte des forces par suite de pléthore et d'inflammation. L'insuffisance de la nutrition sociale est la misère, dont les effets pernicieux peuvent être mesurés par ceux qui l'ont vue s'abattre sur l'enfance, lui imposer les scrofules, le crétinisme, les plaies, les infirmités et les vices de toute espèce; qui l'ont vue flétrir l'adolescence, lui souffler les vices précoces et les marchés infâmes; qui l'ont vue dégrader la maturité, lui arracher une à une toutes ses forces, toutes ses vertus, toutes ses espérances, pour la précipiter inerte dans une fosse. La misère est une abomination sociale; le luxe ou l'excès de nutrition est le mal corrélatif. Lui aussi énerve l'enfance, empêchant un corps délicat de croître, de se durcir et de se tremper dans les intempéries, corrompant une âme ouverte au poison de mille vanités; lui aussi flétrit l'adolescence en mettant des passions d'adultes dans les corps de quinze ans; lui aussi dégrade la maturité dont l'âme se détrempe au feu des jouissances fièvreuses, dont les organes perdent tout ressort. Le luxe achète les filles et les consciences que vend la misère. Si le marché est infâme, il l'est pour l'acheteur plus encore que pour le vendeur.

Un excès de richesse, quand il se produit au sein de l'organisme social, n'entraîne pas nécessairement un excès de consommation, car l'épargne peut compenser, avec l'abondance actuelle, les privations que réserve l'avenir. La graisse, quand elle ne va pas jusqu'à l'obésité, est un signe de santé chez la nation comme chez l'individu, et le jour vient où elle est utilisée par la consommation. Consommer, c'est concentrer des forces et de la vie; c'est se mettre en état de supporter les travaux rudes et incessants que demande le progrès; c'est grandir, grandir toujours, à la condition que l'on dépensera, selon les lois de la morale, les puissances que l'on accumule en son être. Le brahmane qui se nourrit d'une poignée de riz est un mauvais ouvrier; l'homme qui épargne les dépenses de l'école est nécessairement un ignorant; le peuple qui consomme peu ne saurait être un grand peuple; enfin, l'être organisé, qui n'agit pas autant qu'il consomme ou ne consomme pas autant qu'il agit, tombe nécessairement dans l'inertie de la pléthore ou dans l'inertie de l'épuisement. La société qui veut éviter cette double alternative, doit se conformer à la loi économique, exigeant que l'individu ait une consommation proportionnée aux dépenses de force de son labeur, et que la cité ait une consommation proportionnée à l'entretien de ses instruments. Ce résultat si désirable se produit nécessairement lorsque la justice préside à la production et empêche que la propriété subisse la spoliation.

Telles sont les conditions générales de la consommation. N'oublions pas qu'elles sont purement organiques et que la volonté sociale est impuissante à leur égard. Quel économiste n'a constaté l'inutilité des lois somptuaires prétendant combattre le luxe, ou des lois de paupérisme cherchant à combattre la misère! La consommation n'atteint ses proportions normales que par des rapports purement économiques, comme la nutrition entretient la santé par des rapports purement organiques. On ne supprime le luxe et la misère qu'en leur enlevant les moyens de se produire, et ces moyens, tout en dépendant de la production et de la consommation, relèvent encore de la circulation, qu'il nous reste à étudier.

V

DE LA CIRCULATION

Entre l'assimilation et la nutrition existe un agent de correspondance, le sang produit par la première et absorbé par la seconde. Il va incessamment de l'une à l'autre, dans le fait capital de la circulation, devenant ainsi le moyen et la fin des fonctions organiques, le principe de vie par excellence, le dépositaire des forces qu'il doit fixer dans toutes les régions de l'organisme. La composition du sang est assez complexe pour comprendre tous les éléments organiques, sa ténuité lui ouvre l'accès des tissus les plus minces, son abondance lui permet de réparer les plus grandes pertes. Lui supprimé, il n'existe plus de circulation ; la vie devient impossible.

En devenant du sang, le produit de l'assimilation passe dans le système circulatoire, qui a mission de le transporter sur tous les points du corps où se fait sentir le besoin d'entretien, de réparation ou d'accroissement. Ce transport suppose un moteur qui est le cœur ; il suppose des canaux partant d'un centre commun, ce sont les artères se ramifiant à l'infini et se transformant en tubes capillaires si nombreux et si minces que chaque molécule vivante est en contact avec l'un d'eux ; enfin, la circulation suppose les veines qui, d'abord très-ramifiées pour faire suite aux vaisseaux capillaires, s'unissent en tubes toujours plus volumineux, jusqu'au moment où elles reviennent au cœur. Dans ce cercle, le sang artériel est poussé en colonnes liquides, se ramifiant toujours davantage pour se rendre dans les vaisseaux capillaires qu'il faut considérer comme les distributeurs des principes du sang. Leurs parois sont si minces que leur contenu entre en communication, par simple voie d'endosmose, avec les organes divers, leur cédant les principes de vie, leur prenant les principes de mort. Quand il pénètre dans les tubes capillaires, le sang est rouge, chaud, actif; il en ressort noir, refroidi et altéré; s'il retournait dans cet état au sein des tissus, il deviendrait un véritable poison ; une épuration est devenue nécessaire, et le poumon est chargé de la produire.

Du cœur droit qui, dès la naissance, est sans communication directe avec le cœur gauche, part l'artère pulmonaire qui va se ramifiant autour des cellules aériennes du poumon et se transformant en tubes capillaires à la suite desquels naissent les veines, comme dans la grande circulation. Le sang altéré, quand il arrive au cœur droit, est lancé dans l'artère pulmonaire, puis dans ses ramifications et ses tubes capillaires, où il se trouve en communication avec l'air inspiré. L'acide carbonique, qui s'est accumulé dans les globules sanguins pendant les actes de la nutrition et leur a donné une teinte foncée, est éliminé dans les cellules du poumon par simple voie d'exosmose et remplacé par de l'oxygène pris à l'air atmosphérique : il se produit une sorte d'épuration ou de vivification du sang, qui redevient vermeil, pénètre dans les veines pulmonaires et retourne, avec leur aide, dans le cœur gauche pour recommencer la grande circulation.

A l'appareil respiratoire, comprenant simultanément un mouvement d'air et un mouvement de sang, est attaché le sens de l'odorat, qui remplit, à l'égard de l'air inspiré, les fonctions du goût à l'égard des aliments ingérés. L'odorat, représente un moyen d'analyse d'une subtilité telle que des molécules, insaisissables pour les réactifs les plus puissants, sont reconnues par lui et déclarées, *à priori*, bonnes ou mauvaises, quant à leurs effets sur les cellules pulmonaires et quant à leurs effets sur le sang.

Une troisième espèce de circulation est celle de la veine porte dont les ramifications plongent dans les parois de l'intestin, font suite aux vaisseaux capillaires de la grande circulation et s'unissent en un gros tronc veineux qui pénètre dans le foie et se ramifie de nouveau en capillaires disposés autour des cellules glanduleuses du viscère. Les petites veines de l'intestin, par un simple fait d'endosmose, absorbent les parties les plus fluides de l'aliment, comme l'eau, l'alcool, les acides, l'huile, etc. Si ces principes étaient versés dans la circulation sans une élaboration préalable, ils pourraient être l'occasion de graves désordres : c'est pour y obvier que le foie fait subir une sorte de filtration au sang de la veine porte et en élimine, sous forme de bile, les molé cules nuisibles, tandis qu'il verse le surplus dans l t onc veineux qui rapporte au cœur droit le sang de régions inférieures du corps.

L'anatomie si compliquée de l'appareil circulatoire montre qu'il n'est pas seulement un agent d transport du sang, mais encore un magasin généra et un moyen d'épuration. Par le poumon, il élimine l'acide carbonique et d'autres vapeurs nuisibles, tout en produisant beaucoup de calorique; par le foie il élimine la bile; par les reins il élimine l'urine; par la peau et les membranes muqueuses il élimine des matières gazeuses et liquides très-variées; il prend enfin mille précautions pour ne fournir à la nutrition que du sang parfaitement élaboré et enrichi, avec les secrétions internes de quelques organes, de certains principes étrangers au chyle.

Entre la circulation et la vie de relation les communications sont nombreuses. Elles ont leur preuve dans les influences que les émotions exercent sur le cœur considéré généralement, pour ce fait, comme le siége des affections, et sur les vaisseaux capillaires qui portent alternativement la rougeur et la pâleur sur la face de ceux qu'agite la passion. Une autre voie de communication se trouve dans l'odorat veillant à l'intégrité de la respiration, enfin dans le besoin irrésistible que nous éprouvons d'introduire de l'air dans nos poumons.

Tant de complications disent pourquoi la circulation sociale est à l'état rudimentaire ; pourquoi elle n'existera réellement que le jour où la société aura du sang, un cœur, des artères, des veines et des vaisseaux capillaires, puis des poumons pour régénérer le sang altéré, puis des organes sécréteurs éliminant avec soin ce qui est impropre à la vie. La circulation est une fonction sociale et l'économie actuelle l'abandonne aux individus ; elle ne devrait grever la marchandise que d'une taxe insignifiante, et souvent elle prélève 30 et 40 p. 100 ; en livrant le produit à la consommation, elle devrait éliminer tout ce qui est altéré, mauvais et contraire à l'hygiène des nations, tandis qu'elle accepte une quantité de poisons organiques et moraux sur lesquels ses bénéfices sont considérables ; elle devrait mettre toutes les offres en présence de toutes les demandes, tandis que ses instincts de spéculation la poussent incessamment à supprimer l'offre et à faire la rareté quand elle veut vendre, à gorger la demande et à écraser le marché quand elle veut acheter. Ce n'est pas dans des conditions pareilles que peut s'opérer le véritable échange, celui qui doit présider à la nutrition sociale.

Les lois de la production montrent que l'individu ne saurait fabriquer la variété infinie des objets nécessaires à sa consommation. il faut donc que chacun, avec une seule espèce de produit, soit en mesure de se procurer ce dont il a besoin. Ceci ne peut se faire que par voie d'échange, en cédant une part de sa propriété pour obtenir une part équivalente de la propriété d'autrui. Quand la chose cédée représente une consommation semblable à celle de la chose reçue, l'échange est conforme aux lois de la vie, le rapport de la production à la consommation est maintenu et chacun obtient la richesse que comporte son travail; mais si l'un ne reçoit que comme 50 en livrant comme 100, il se trouve dépouillé de la moitié de son produit.

Le moyen d'éviter ce mal consiste, en premier lieu, à déterminer, autant que la chose est possible, la valeur des diverses propriétés.

Déterminer la valeur c'est établir le rapport de deux termes qui sont, l'un la somme de travail dépensée pour faire une propriété, l'autre la somme de vie que peut donner l'emploi de cette propriété. Beaucoup de peines et de soins dépensés pour fabriquer une chose inutile peuvent fort bien aboutir à une valeur moindre que celle d'une chose produite avec peu de peine et de soins.

Si le producteur est seul compétent pour déterminer la somme de travail que représente son produit, le consommateur est seul compétent pour en déterminer l'utilité; or, dans l'échange chacun est à la fois producteur et consommateur, chacun contribue pour une part égale à la détermination de la valeur.

Une marchandise, tout en ayant une utilité incontestable et incontestée, peut cependant perdre de sa valeur si, par son abondance, elle dépasse la consommation, si elle est offerte à l'échange plus que demandée. Le remède à ce mal est l'agrandissement du marché jusqu'au moment où l'ensemble des produits est mis en présence de l'ensemble des consommateurs. Le marché restreint fait que la chose fabriquée grandement en une région y perd la meilleure part d'une valeur qui peut s'exagérer dans une contrée voisine, par le fait de la pénurie.

Mais l'agrandissement indéfini du marché, qui est la condition de l'établissement normal de la part de valeur relevant de l'utilité, suppose que le producteur se sépare de son produit et remet en d'autres mains le soin de l'échanger ; cela suppose encore le moyen de désigner exactement la valeur, afin que le propriétaire puisse dire à quel prix il consent à céder sa propriété ; cela suppose enfin une représentation de la valeur indispensable pour que, après avoir joui de toute la surface du marché pour vendre, on ait toute la surface du marché pour acheter à des conditions pareilles. On perdrait évidemment une part de ces avantages si on était obligé d'acheter sur le lieu de la vente ou de vendre sur le lieu de l'achat ; une monnaie devient ainsi une condition nécessaire de l'échange.

De la monnaie. — Elle a un double objet, car elle doit être, d'une part, le moyen de déterminer la valeur et le moyen de la représenter, d'une autre part. Dès l'origine de l'échange, on a pris une certaine quantité d'une propriété recherchée par tout le monde pour avoir l'unité de valeur qui, de nos jours, est représentée par un poids déterminé d'or ou d'argent. La monnaie métallique porte dans son être la valeur qu'elle détermine, et peut servir à l'acheteur de moyen d'échange contre toute espèce de produit. Elle permet au vendeur, en passant dans ses mains, de se procurer, à son heure et sur un point quelconque du marché, les objets nécessaires à sa consommation ; enfin elle permet au producteur et au consommateur de vendre et d'acheter à de grandes distances, soit directement, soit par un intermédiaire.

Mais si elle a ses avantages, la monnaie métallique a aussi ses inconvénients. L'un des plus graves est le manque de fixité de l'unité de valeur, qui hausse ou baisse selon que le métal devient rare ou abondant, produisant ainsi des perturbations continuelles dans la propriété. Un autre inconvénient, c'est que l'or et l'argent sont une marchandise que le monnayage enlève à l'industrie au prix de sacrifices considérables. Telle nation, pour garder sa monnaie, se voit souvent obligée d'en élever l'intérêt à un taux exorbitant, ce qui élève dans les mêmes proportions le loyer de l'instrument et déprécie d'autant le travail.

Ces divers inconvénients disparaissent avec une monnaie fiduciaire et non métallique, dont l'unité de valeur est complétement abstraite, c'est ce qui fait dire à Ricardo que la monnaie de papier touch à la perfection.

Le billet de banque représentant un nombre dé terminé de francs, de florins, de livres, etc., per mettant à présentation et à vue d'acheter, et, pa suite, de vendre toute espèce d'objets, susceptibl de s'expédier à de grandes distances et permettan de commercer par voie de correspondance, serai une excellente monnaie s'il n'était l'appoint et l subordonné du métal, s'il représentait une valeu toujours supérieure à son titre. Admettons que l franc ne soit plus une quantité déterminée d'argent mais une chose complétement abstraite, il ne peu plus varier parce qu'il exprime le rapport non d deux ou plusieurs marchandises, mais de tout c qui est à vendre et de tout ce qui est à acheter Admettons que le billet de banque, le bon d'é change ou autre valeur fiduciaire soit le représen tant certain et assuré d'une propriété supérieure : son titre, il possède tous les avantages de la mon naie métallique et n'a aucun de ses inconvénients il ne peut contribuer, en aucune façon, à la hauss ou à la baisse dans le loyer du capital; il perme l'exportation complète de l'or et de l'argent, sans qu'il en résulte aucune perturbation commerciale. Or, la circulation économique fournit, ainsi que nous allons le voir, les moyens d'instituer cette précieuse monnaie.

Si l'échange cherche à imiter le modèle que lui offre la physiologie, sa première condition d'existence est une circulation dont les organes doivent être à la fois agents de transport, magasins généraux, moyens de contrôle et d'épuration pour la propriété, enfin vaste système organique suffisant à tous les rapports qui peuvent se produire entre la production et la consommation. Il devient dès lors manifeste que l'individu seul, ou associé, est incapable de remplir une fonction qui, pour être complète, exige que l'offre soit toujours et partout mise en présence de la demande, qui exige le transport des diverses propriétés d'une extrémité à l'autre du corps social, qui exige les statistiques et les mercuriales de chaque marché, seul moyen d'établir d'une façon équitable le prix ou la valeur de la marchandise, qui domine l'échange et se trouve seule en mesure d'établir la monnaie fiduciaire.

D'après la loi d'organisation, chaque appareil reçoit une part de sang égale à la part de travail d'action ou de vie qu'il livre à l'organisme, et la circulation procède à cet échange avec une justice rigoureuse : pour que cet exemple soit imité, il faut que l'individu, livrant le fruit de son travail à la circulation, reçoive immédiatement les moyens d'obtenir une part équivalente de propriété nécessaire à sa consommation. La chose est impossible s'il doit attendre la vente de sa marchandise, mais elle est très-possible s'il reçoit un bon d'échange représentant les trois quarts de la valeur de sa propriété. Ce morceau de papier, portant la signature sociale, devient une monnaie représentant une valeur supérieure à son titre et permettant d'acheter dans tous les magasins de la nation. Une quantité de monnaie présentant sécurité absolue, toujours égale à la somme de propriété mise en circulation, suffisant à tous les besoins de l'échange, ayant tous les avantages de la monnaie métallique et aucun de ses inconvénients se trouve ainsi instituée par la circulation. Chaque vente retire de la circulation un bon d'échange, chaque produit mis en circulation fait surgir un autre bon; il en résulte un mouvement incessant de rénovation qui remédie la détérioration physique du signe de la valeur.

Mais, pour recevoir ainsi en consignation la production de quarante millions d'hommes, la circulation économique doit être pourvue de magasins immenses et disposés de la manière la plus savante pour classer, conserver et faire circuler toute espèce de produit. Chaque commune doit avoir son magasin, où se délivrera le bon d'échange, où se fera l'achat et la vente, où le prix de chaque chose sera connu, où la marchandise s'expédiera et sera reçue, selon les besoins de la localité.

Les magasins, établis selon la hiérarchie qui fait une même série des organismes composant la société, communiquant incessamment les uns avec les autres, s'armant de la publicité la plus étendue, disposant des canaux, routes et chemins, organisés en un mot, sont en mesure d'établir le rapport exact de la production à la consommation et d'arriver, par la circulation, à la justice économique. Il leur reste, il est vrai, à multiplier les moyens d'éloigner ou d'éliminer toute propriété mauvaise, mal fabriquée ou capable de nuire soit à la santé, soit aux intérêts de l'acheteur. Le moyen, si l'on veut suivre les enseignements de la physiologie, consiste à diviser la grande circulation en circulations spéciales e faciles à surveiller, à vérifier scrupuleusement la qualité de la propriété qui sollicite le bon d'échange à interdire l'entrée des magasins à toute marchandise mauvaise, enfin à éliminer à la suite d'inspections incessantes ce que le temps ou l'incurie aurait altéré. Avec un pareil ensemble de moyens on peut espérer de supprimer la multitude des fraudes commerciales et de rendre l'honnêteté conforme aux intérêts du producteur [1].

Avec la véritable circulation économique il n'y a pas seulement suppression de toute fraude commerciale, il n'y a pas seulement production d'une monnaie, qui ne supposant pas de frais n'a pas d'intérêt à réclamer, il n'y a pas seulement consommation au prix de fabrication et fabrication au prix de

1. Ces idées, émises en partie par Proudhon, ont été reprises par M. F. Coignet et développées dans un ouvrage qui sera publié incessamment. Le lecteur y verra que les magasins généraux peuvent obvier à l'excessive cherté, à l'avilissement des prix et à l'inégalité dans la production des fruits de la terre, par des caves et silos qui retireront momentanément de la circulation un excès de vin ou de blé, pour les livrer à la consommation en temps de disette. Dans le livre de M. Coignet sont également contenus une foule de détails dont il m'est impossible de donner l'analyse et qui mettent l'expérience d'un négociant consommé au service d'idées purement théoriques.

consommation, il y a encore stabilité commerciale par le fait des magasins de réserve et par la suppression des intermédiaires individuels placés entre le consommateur et le producteur, intermédiaires qui ont intérêt à déprécier la marchandise de celui-ci et à en exagérer la valeur en présence de celui-là, mettant ainsi un double obstacle à la production et à la consommation.

Une nation qui organisera la véritable circulation économique peut connaître à jour fixe la quantité et la qualité de tous ses approvisionnements ; elle peut prévoir un an à l'avance la cherté ou la dépréciation des produits et avertir les producteurs en temps utile ; elle peut signaler dans ses statistiques les fabrications avantageuses et celles qui ne le sont pas ; elle peut maintenir un équilibre constant entre la production et la consommation dont le rapport normal représente la véritable richesse des sociétés.

V

GOUVERNEMENT ÉCONOMIQUE.

Après avoir admis que la vie de relation chez les peuples suppose un gouvernement dont les facultés capitales sont représentées par des pouvoirs, on est forcé d'admettre que la vie organique des nations suppose aussi un gouvernement dont les fonctions capitales se résument en autant de pouvoirs. De même que la santé individuelle suppose l'équilibre entre les deux vies, de même la santé des sociétés suppose l'équilibre entre les deux gouvernements, dont l'organisation doit être telle que l'un puisse toujours obtenir de l'autre le service qui lui est nécessaire, tout en donnant en échange un service pareil.

Le suffrage qui attribue à certaines personnes les pouvoirs politiques est également ce qui attribue à d'autres personnes les pouvoirs économiques, car, dans les deux cas, les droits et les intérêts sont les mêmes pour les citoyens. Au suffrage direct et universel appartient l'attribution des pouvoirs économiques ou administratifs de la commune, tandis que le suffrage au deuxième degré attribue les pouvoirs administratifs de la province, et que le suffrage au troisième degré attribue les pouvoirs administratifs de l'État. Une même origine est nécessaire à des forces qui doivent rester en équilibre sous peine de porter atteinte à la souveraineté des personnes.

VI

POUVOIR DE PRODUCTION.

Chez la personne individuelle, la souverainet suppose le pouvoir de production sans lequ n'existe pas l'indépendance organique. Celui do l'alimentation dépend d'autrui ne saurait être libre il le devient forcément au contraire si le travail déjà considéré par Turgot comme un droit, l donne les moyens de produire selon ses forces, s besoins et sa volonté. L'association lui permet d'us de la division du travail et d'augmenter ses pr duits sans agir dans l'isolement.

Chez la personne communale le pouvoir de pro duction, avec le droit d'administrer les instrument a le devoir de les mettre aux mains des individus de recueillir les produits qui n'appartiennent pas au travail. Quand les terres restent en friche, quand elles manquent de fossés, de haies, de chemins, de moyens d'irrigation ou de drainage, d'engrais, de plantations et des agents de fertilité que recommande la science agricole, le pouvoir de production reste au-dessous de sa tâche. Il y manque également et appauvrit la commune entière s'il ne fournit aux ouvriers de l'industrie des instruments toujours improductifs si le travail ne leur vient en aide. On voit que la terre et le capital s'unissent pour produire la richesse de la commune dont ils font partie. La richesse de la province tient à tout ce qui, parmi les agents de la nature, devient provincial en dépassant la circonscription de la commune et en n'embrassant pas la circonscription de la nation. Une foule de cours d'eau sont dans ce cas et représentent une richesse énorme, soit comme force motrice, soit comme moyen d'irrigation. Viennent ensuite certaines mines et certaines industries dont les capitaux ou instruments dépassent ce que peut fournir une commune. Dans ce cas elles représentent un intérêt surtout provincial, sous le rapport de la production et sous celui de la consommation.

Quant au pouvoir producteur de la nation, s'exerce sur tous les agents de la nature qui dé passent la province et représentent des intérêt généraux. Les grands fleuves, la mer, l'air, la lu mière, la science et l'art sont dans ce cas. Il se peu que la production en soit inférieure à celle de l'en semble des agents communaux ou provinciaux mais dans une société où les communes et les pro vinces doivent être souveraines il n'est pas bon qu l'État soit trop riche. Les travaux d'utilité publiqu dont il a la charge sont très-restreints, et il ne doi pas entretenir d'armée permanente.

En additionnant ce que rapportent la terre, l'eau l'atmosphère, la chaleur, la lumière et le capita d'une grande nation, il est facile de voir que l revenu public, sans enlever une obole à la propriét individuelle peut comprendre des sommes immenses Alors peut être entrepris, sur la plus vaste échelle e au grand bénéfice du travail, tout ce qu'exigent l mise en valeur du territoire, la viabilité, l'industrie l'hygiène, le sentiment des beaux-arts et même l plaisir. C'est par des monuments que les nation affirment leur génie et en lèguent l'empreinte à l postérité; c'est dans de vastes salles de réunion qu les populations rurales doivent apprendre la politesse, l'aménité, l'élégance, la douceur des mœurs et même la connaissance de la chose publique. Tant qu'il n'existera pas dans chaque commune de France un théâtre, une salle de concert et une salle de meeting, on trouvera un reste de sauvagerie dans sa population.

VII

POUVOIR DE CONSOMMATION.

L'accord de la justice et de l'économie sociale veut que la consommation soit partout en raison directe de la production, ce qui revient à dire que, chez toute personne, le pouvoir de consommer est égal à celui de produire. L'individu dans sa souveraineté n'a pouvoir que sur le fruit de son travail; il doit seul suffire aux besoins de son être; s'il participe à la richesse publique, c'est toujours en proportion de la part de vie qu'il livre à la vie sociale. Ce qu'il consomme alors ne lui est attribué qu'en vertu du pouvoir de la personne collective.

Sans cette distinction, il devient impossible de séparer la propriété individuelle, qui est la faculté d consommer attribuée à l'individu de la propriété collective, et il arrive que le bien de tous est accaparé par quelques-uns, ou que le bien de l'individu est pris par tous; cela diminue d'autant la richesse publique, tout en produisant le luxe et la misère.

En attribuant à l'individu le pouvoir de consommation qui est le complément de la propriété, on est conduit à reconnaître le même pouvoir dans la commune. Chez elle, comme chez tous les êtres collectifs, la consommation prend le nom de dépense et comprend ce que demande l'entretien des fonctions communales. A côté du pouvoir de production qui représente la recette, il est juste qu'il y ait un pouvoir de dépense, la bonne administration exigeant que l'un soit toujours en raison de l'autre et qu'ils se fassent respectivement équilibre. Il est dans la nature des choses que le pouvoir de consommation, qui ne dispose pas des sources de la richesse, se préoccupe de l'avenir et soit porté à l'épargne, sinon à l'avarice, tandis que le pouvoir de produire est naturellement prodigue. Des dispositions si contraires expliquent une distinction qui, en outre, est nécessaire à l'administration des deniers publics.

Dans la province et dans l'État, aussi bien que

dans la commune, le pouvoir de consommation es dépositaire des richesses publiques, dont il doi compte au gouvernement économique, au mêm titre que le pouvoir producteur doit compte de voies et moyens de sa production. Nulle dépense publique ne peut avoir lieu si elle n'est consenti par le pouvoir de consommation, et ce veto est un préservatif efficace des entreprises inconsidérées de la politique ou de la production. Il représente l'obstacle que la vie organique met aux folies de la passion en la frappant de sommeil, de langueur ou d'impuissance.

VIII

POUVOIR DE CIRCULATION.

Il est impossible de ne pas attribuer une part de la souveraineté économique à la fonction qui met partout l'offre en présence de la demande, qui dispose des moyens d'aller, de venir et de transporter, qui a sous sa dépendance les chemins, les routes et les voies navigables, qui est en mesure d'établir les statistiques industrielles, agricoles et commerciales, qui peut empêcher ou faciliter la production et la consommation.

Chez l'individu, le pouvoir de circulation comprend la personne et la propriété. Chacun est donc maître d'aller, de venir et de transporter son bien d'une extrémité à l'autre du territoire de la nation.

S'il en est autrement, la souveraineté individuelle est violée avec son pouvoir de circulation.

Dans la commune ce pouvoir se complique. Il ne saurait comprendre la personne communale qui, faute de transporter son territoire, est incapable de bouger de place, mais il comprend tous les produits communaux, qu'ils soient à l'individu ou à l'être collectif.

Le bon d'échange, la banque, la statistique, les chemins et les moyens de transports de la commune relèvent également de son pouvoir de circulation qui règle les rapports commerciaux avec les autres communes. Si la circulation n'était pas représentée par un pouvoir, elle serait à l'état de subordination en présence du gouvernement politique ou économique; elle subirait des entraves continuelles; les rapports naturels de la production à la circulation cesseraient d'exister, il n'y aurait plus équilibre entre les fonctions économiques, et la misère sociale ne manquerait pas de se produire.

Les pouvoirs de circulation des communes forment, en se combinant, le pouvoir de la province qui se charge de mettre dans toute la nation l'offre en présence de la demande, la production en présence de la consommation. Avec ses routes, ses canaux et ses moyens de transports, ses magasins généraux, sa banque et ses statistiques, le pouvoir provincial de circulation est un admirable instrument de prospérité économique. Il donne leur valeur complète aux produits spéciaux des régions, des climats et des territoires, il fait de toute la surface de la nation un seul et même marché. Mais la condition de cette prospérité est l'abaissement du prix des transports jusqu'à son extrême limite, afin que la valeur des produits ne s'élève pas, avec l'espace parcouru, jusqu'à empêcher la consommation. Le mouvement des marchandises étant partout en raison directe du bas prix des transports, le pouvoir de circulation trouve son intérêt à perfectionner les moyens d'action dont il dispose et à les multiplier indéfiniment. Sa prodigalité, sous ce rapport, ne peut être limitée que par l'économie du pouvoir de consommation.

En montant jusqu'à l'État, le pouvoir de circulation se ménage les moyens de commercer avec les autres nations, de livrer à bas prix les produits indigènes et d'obtenir à bas prix les produits étrangers, d'augmenter ainsi dans des proportions colossales les importations et les exportations. Le jour où l'étranger trouvera dans quelques magasins, répartis sur des points commerciaux habilement choisis, tous les produits de la culture et de l'industrie nationales, le jour où il sera certain de la qualité de la quantité et du prix exact de la marchandise livrée, l'exportation sera immense. L'importation ne sera pas moindre le jour où les nationaux trouveront dans les magasins de l'État la qualité, la quantité et le bas prix dans les marchandises de l'étranger ; l'on verra disparaître les fraudes de toute espèce qui déshonorent et restreignent le commerce international.

IX

RAPPORTS DES POUVOIRS ÉCONOMIQUES AVEC LES POUVOIRS POLITIQUES

En considérant la nation comme un organisme, nous sommes conduits à admettre l'accord des organes, des fonctions et des forces organiques ou pouvoirs; nous devons répudier le vieil antagonisme du corps et de l'âme, de la richesse et de la morale, du plaisir et de la vertu, de la justice et de l'intérêt. Loin de se nuire, l'abondance et la vertu, le travail et la liberté, la production et le droit vivent en parfait accord; tous concourent à augmenter la force, l'intelligence et la moralité des nations.

Il suit de là que le pouvoir chargé de favoriser

la production, la répartition ou la consommatio de la richesse, n'a aucune raison d'entrer en confl avec le pouvoir judiciaire dont le concours est, a contraire, un élément capital de prospérité. Rie ne sert davantage à l'économie sociale qu'une bonn justice prononçant entre les conflits qui naisser de la variété infinie des propriétés, rien ne décou rage autant la production que la crainte de vo les fruits du travail se perdre en procès ou en sul tilités juridiques. Il est donc naturel que le pouvoi économique demande au pouvoir judiciaire de ré gler promptement et équitablement tous les conflit industriels ou commerciaux, et se montre recon naissant du service rendu.

L'action du délibératif éditant les formules lé gales des rapports de l'économie sociale rend celle-ci un service signalé ; elle assure ses droits e les définissant et en les proclamant, elle assure so existence en lui donnant une part nettement défi nie dans le corps de la nation.

Enfin l'exécutif prête son concours dans les rap ports économiques avec l'étranger et appuie, par l force, les réclamations contre les vols intérieurs o extérieurs. Plus que toute autre fonction sociale l'économie a besoin de la sécurité que donne la force, des renseignements et statistiques fournis par les agents accrédités à l'étranger. Si les canons des navires de guerre ne viennent protéger les cargaisons des navires de commerce, elles passent vite aux mains des pirates, et le pavillon ne couvre la marchandise qu'en imposant la crainte aux spoliateurs.

En retour des services demandés, le pouvoir économique donne ce qui est nécessaire à l'entretien des autres pouvoirs; il établit le budget de leurs dépenses à côté du budget de ses recettes. Mais, comme nul n'aime à payer plus qu'il ne doit ou plus que le nécessaire, l'organe qui tient les cordons de la bourse sociale fait subir un examen sévère à la liste des dépenses; il s'élève contre les prodigalités, il demande les économies, il manifeste l'horreur des dettes improductives, il montre les bienfaits de l'épargne, toutes choses qui rentrent dans ses attributions. Les autres pouvoirs, mis à la gêne, ont intérêt à connaître le chiffre exact des recettes, à contrôler les actes administratifs, à signaler ceux qui peuvent diminuer la richesse de la nation. Il résulte de tout cela un contrôle sérieux des recettes et des dépenses, contrôle qui, av l'aide de la publicité, devient le vrai remède cont les abus, la routine et l'inertie ; où le suffrage ur versel institue le gouvernement, la logique veut qu chaque citoyen connaisse ce que ses mandatair font de la part de souveraineté qu'il leur délègu Il peut ainsi renouveler le mandat de ceux q remplissent ses vues et remplacer ceux qui se sor montrés indignes de sa confiance.

X

DU PRINCIPE D'ASSOCIATION

L'action collective que détermine l'affinité organique a dans la formation de la société les caractères de nécessité et de supériorité qui se retrouvent dans toutes les conditions premières de la vie. Il faut une tête, un cœur et un estomac à l'organisme nation comme à l'organisme citoyen. Mais si ce dernier est un être moral, intelligent et libre, il peut dans les limites de sa responsabilité unir ses forces à celles de ses voisins et agir collectivement avec eux tant qu'il reste dans les limites du droit. Cette forme de l'action collective porte le nom d'association. En procédant de la volonté et de la liberté des individus, elle peut varier à l'infini quant au nombre de ceux qui la composent, quant à so objet et quant à ses statuts; mais ces derniers r peuvent jamais méconnaître la loi sociale. S'il e est autrement, l'association entre en lutte avec l'u des pouvoirs, ou l'un des organes de la société, ell devient faction.

Autant l'association est pernicieuse quand el dégénère en faction et prétend devenir un gouver nement dans le gouvernement, autant elle est avar tageuse quand elle introduit l'action collective dar les rapports infinis que suppose la vie sociale. L nombre des fonctions qui résultent de la combinai son organique est forcément limité, mais le nombr des actes qui relèvent de la volonté humaine n' pas de limites et recule indéfiniment les bornes d la vie Ce que l'un ne peut faire, dix, cent, mill en s'unissant peuvent le produire; ils peuvent ac cumuler des forces au point de surmonter les plu grands obstacles.

L'association est à la société ce que l'initiative es à l'individu. De même que celui-ci arrive à la sant par l'hygiène, au savoir par l'étude, à la force pa la gymnastique et à l'agrandissement de tout so être par l'emploi intelligent de ses facultés, de mêm l'association fait tourner au profit de la nation toutes les forces vives de l'humanité, toutes les découvertes de la science, de l'art, du commerce et de l'industrie. Sitôt qu'une idée apparaît dans le monde, l'association se charge de lui créer des milliers d'adhérents qui la soutiennent dans sa lutte et lui procurent le triomphe si elle est conforme à la vérité, tandis que des efforts individuels seraient impuissants à lui donner la victoire contre ceux qui ont intérêt à l'étouffer.

Admettez l'organisme social le mieux fait et le plus sain, mais supprimez en lui l'association, il pourra vivre et se maintenir, mais les éléments du progrès auront disparu. Dans le jeu régulier des organes il n'y aura place pour rien de nouveau; le lendemain se fera ce qui aura été fait la veille; les jours, les années et les siècles passeront sans faire progresser autre chose que la mort, terme fatal de tout organisme.

Mais, en admettant l'association, on place à côté des conditions organiques et nécessaires de la vie l'effort incessant de l'humanité vers le mieux. La découverte et l'intérêt d'un seul deviennent par l'association la découverte et l'intérêt d'un grand nombre; la concurrence vitale force les plus réfractaires à adopter les innovations avantageuses; tou se perfectionne parce que tout ce qui est bon dispose des forces de l'association. La volonté humain comble ainsi la multitude des lacunes que laiss subsister l'affinité organique dans la vie sociale; un expérience journalière montre les innovations profitables et celles qui ne le sont pas; enfin, les peuples, sans violer les lois de leur organisation peuvent se rapprocher chaque jour de l'idéal d société qui se présente à tous les âges de la civilisation et qui apparaît dans les lois de Lycurgue, d Solon, de Platon, et surtout dans celles de la révolution française.

Il existe cependant une limite au delà de laquell le principe d'association ne peut s'étendre qu'a détriment du principe d'organisation. Quand cett limite est franchie, le mouvement social prend un rapidité dangereuse, la concurrence devient effréné et transforme la société en un vaste champ d'antagonisme et d'hostilité. Tout y est caste, classe, corporation, ligue, compagnie, coalition, parti, etc Celui qui n'est pas soutenu par une associatio quelconque est impitoyablement broyé. Il ne peu défendre ni son bien ni sa liberté; il fait de vains efforts pour se tirer de la bataille sociale, le conflit le suit partout, et il n'est pas un recoin de la société où il puisse trouver la paix.

Les nations qui sacrifient l'organisation à l'association peuvent, pendant un temps, obtenir une exubérance de vie, mais l'équilibre des partis qui, chez elles, est la sauvegarde de la liberté, ne saurait durer toujours. La victoire et la défaite deviennent définitives, ceux qui triomphent deviennent dominateurs, et, pour éterniser leur suprématie, brisent de mille manières les forces des vaincus.

La force, la durée et la liberté se trouvent surtout chez les peuples qui maintiennent l'équilibre entre le principe d'organisation et le principe d'association. Que ce dernier prenne dans la vie des nations tout ce qui n'appartient pas à son rival, que l'individu ait le moyen d'unir ses forces à celles de ses pareils pour réaliser tout ce que peuvent inventer la science, l'art et l'industrie, pour maintenir son droit contre l'être collectif, pour faire surgir les institutions nécessaires au bien général, rien de mieux ! Mais le jour où l'association se substitue aux organes naturels de la société, le jour où des intérêts privés peuvent, en se coalisant, triompher (intérêts publics, le jour où les partis deviennent maîtres du gouvernement et s'attribuent la sou' raineté, le jour où l'homme seul et isolé n'est p certain de garder son honneur, son droit, son bi et sa liberté, la nation est hors de sa voie. Il n'y pas progrès quand le mouvement social est une l comotive lancée à travers la foule et écrasant to sur son passage ; un jour ou l'autre ce moteur sa direction tombe dans le précipice ou s'arrête deva les cadavres accumulés sous ses roues.

LIVRE CINQUIÈME

VIE SOCIALE

Après avoir analysé les organes et les fonctions des êtres individuels ou collectifs qui composent la société, il reste à examiner l'ensemble de leurs vies respectives et à montrer que leurs fonctions, leurs droits, leurs libertés et leurs prospérités, loin d'offrir un antagonisme, sont partout complémentaires et solidaires. Ce dernier travail ne peut se faire que par l'exposé successif de la vie individuelle, de la vie de famille, de la vie municipale, de la vie provinciale et de la vie nationale qui résume toutes les autres.

I

VIE INDIVIDUELLE

La logique exigeant que l'être moral et raiso
nable soit libre, que l'être libre soit responsabl
que l'être responsable ait la direction de ses acte
il est évident que l'être moral, raisonnable, libre
responsable est souverain ou maître de sa pe
sonne. La souveraineté chez celui qui ne peut viv
sans satisfaire des besoins organiques suppose u
force capable de lui procurer ce qui est nécessaire
sa vie; cette force est le droit qui, représentant d
organes et des fonctions, a pour titres le corps
l'âme de l'homme. Chez un être souverain, ces titr
rendent le droit inaliénable et imprescriptible comn
la qualité d'homme que nul ne peut abdiquer. Ma

si le droit dans son origine et sa virtualité échappe à la volonté, comme toutes les conditions primordiales de la vie, il devient volontaire quant à son application, et rentre ainsi dans les conditions de la liberté. Un droit peut persister à l'état latent pendant de longues années et même pendant des générations successives sans rien perdre de son intensité : il reparaît intact le jour où il peut être exercé. Cette faculté d'user de son droit ou de s'abstenir de le faire valoir est ce qui représente la meilleure part de la liberté sociale. Celle-ci, sans le droit, n'est rien, de même que le droit sans liberté est lettre morte, la vie sociale ne supposant pas plus l'exercice simultané de tous les droits que la vie de relation ne suppose l'exercice simultané de toutes les fonctions.

Des personnes souveraines au même titre sont forcément égales, car l'inégalité supposerait chez les unes des priviléges qui feraient surgir chez les autres des servitudes, négation formelle de la souveraineté. Mais l'égalité des droits ne peut être considérée comme une identité impossible chez des êtres qui varient d'âge, de sexe, de tempérament, de facultés et d'aptitudes; elle ne peut être qu'une somme de droits et de libertés toujours proportio née à l'être et toujours indépendante des facul voisines, lors même qu'elles sont supérieures.

Il est impossible que des êtres égaux fassent v loir respectivement leurs droits, sans accepter u somme égale de devoirs, parce que la créance su pose la dette et que l'état social suppose la mutu lité. Quand on donne à ses voisins autant que l' en reçoit, quand on fait avec eux échange consta de services, on bénéficie de toutes leurs facult et on ne peut pas plus s'appauvrir que les ruin

Étant posés ces principes, qui tiennent à l'essen même de la personne sociale, il reste à détermin quelle peut être la vie du citoyen selon le droit, liberté, la justice et l'égalité.

Naître au sein d'une société, c'est devenir, p un fait d'ordre supérieur, une personne sociale. début de sa vie, l'homme n'a ni intelligence, moralité, ni volonté, il est incapable de contract mais, étant un organisme humain, il porte dans chair le droit de cité. Dès le sein de sa mère, il a puissance les facultés de l'être social, et cela su pour le rendre créancier de tout ce qui est nécessa à son développement.

La société qui laisse mourir dans la misère ou se dégrader dans la maladie l'un de ses membres ment au plus saint de ses devoirs; elle s'avilit et se mutile, elle prépare son abaissement parmi les nations. Quand elle refuse du pain à l'indigent, elle opère sur lui une spoliation véritable, car chaque membre de la cité peut réclamer dans la moisson, dans la vendange et dans le troupeau une part de ce qui est produit par la fécondité de la lumière, de la chaleur, de l'électricité, de l'air, de l'eau, de la terre et de tous les éléments. Séquestrer cette part que la nature donne évidemment à tous, puisqu'elle ne l'attribue à aucun, part suffisante pour sauver de l'indigence dans toute région bien cultivée, c'est violer la souveraineté individuelle et méconnaître le devoir social.

A mesure que les facultés nouvelles surgissent chez l'enfant, elles représentent autant de droits nouveaux appelant l'éducation et l'instruction. Tout ce qui est nécessaire à l'évolution des qualités de l'esprit et du cœur, de l'âme et du corps est dû à la personne morale. Mais quand l'exercice du droit a fait le véritable citoyen, ce dernier a contracté une dette énorme : débiteur de ce qui fait sa force et sa dignité, sa reconnaissance doit être infinie, si le sacrifice de sa vie devient nécessaire à sa pa trie, l'hésitation ne lui est pas permise : il do mourir.

En arrivant à l'âge où l'être humain acquiert plénitude de ses facultés, l'individu acquiert la pl nitude de ses droits sociaux. Après avoir été a prenti, il devient maître; après avoir reçu la con naissance, il a mission de la propager. Ses droits l'instruction sont devenus devoirs d'enseignemen Or, c'est avec la parole et l'écriture que se confes la vérité : celui qui accepte le devoir d'enseign acquiert ainsi le droit de parler et d'écrire sa qu'il ait d'autre caution à fournir que sa prop responsabilité. La force peut briser sa plume clore ses livres, mais son droit n'en est pas moi entier. Il n'en est déchu que s'il manque au dev en professant le mensonge et l'immoralité, qui so choses antisociales.

Un droit complémentaire de celui d'apprendre d'enseigner est le droit de discuter, qui suppose faculté de tout contester et de soumettre les faits un examen sans cesse renouvelé. Sans la discussio l'immobilité atteint vite la science, qui cesse d'êt l'expression de la vérité quand elle ne maintient pas ses rapports avec le mouvement général des esprits. Sa prétention d'être immuable en face de faits nouveaux la conduit aux déchéances ; quand elle ne se réforme pas constamment à la manière des êtres vivants, elle est, comme eux, frappée de mort.

Qui admet les droits et devoirs d'apprendre, d'enseigner et de discuter, admet ceux de parler, d'écrire, de publier et d'inventer ; il admet encore le droit de réunion, car on ne professe pas sans auditeurs, car on ne parle ni n'écrit pour les rochers, les plantes ou les bêtes. L'isolement est mortel à la civilisation : il ne peut être imposé que par une violence doublée de barbarie. Quant au nombre des individus qui s'assemblent il ne peut être limité et n'a d'autres bornes que la portée de la voix humaine.

Ce que demandent les droits de l'intelligence est également exigé par les droits de la conscience, car la notion du bien et du beau vaut la notion du vrai, si elle ne lui est supérieure. L'honnête ignorant est, en effet, une bête inoffensive, tandis que le savant vicieux est une bête de proie. Sa science lui sert de griffes et de dents pour enlever ce qui est à sa convenance. Sa vie n'a d'autre but que la satisfaction de sa sensualité, et il est d'autant plus d: gereux qu'il est plus habile.

Mais les choses du sentiment ne sauraient s' seigner comme celles de l'intelligence : on les s plus qu'on ne les raisonne; on les aime plus qu' n'en est curieux. L'amour, qui ne peut s'exer sans idéaliser et personnifier, finit toujours par créer un Dieu de beauté et de moralité. En face la personne divine le besoin d'adoration a bien v engendré un culte et la religion se forme, domin l'art de toute la puissance de la foi. Mais la foi n' pas toujours la même ; elle varie avec les temps, hommes et les lieux; à certaines époques elle s'e pare des âmes comme par une sorte de contagi et fait admettre jusqu'à l'absurde; en d'autres oc sions elle est impuissante à se propager : chac alors se fait sa croyance religieuse, faute de pouv admettre la croyance d'autrui. De même q l'homme est impuissant à tenir pour vrai ce qui paraît faux, à aimer ce que son cœur repousse admirer ce qui lui paraît laid, de même il est i puissant à se donner la foi : prétendre la lui i poser est une des grandes aberrations de l'esp humain, c'est une des tyrannies les plus odieus aussi la liberté de foi, de culte et de religion est-elle un des attributs de l'âme humaine.

De même que chacun est libre de choisir sa religion, chacun est libre de n'en avoir aucune quand il ne peut croire en Dieu. La science, en pareil cas, se charge de fournir la vraie morale, tandis que les beaux-arts se chargent de fournir un idéal. Moyennant l'enseignement scientifique et artistique il ne peut y avoir déchéance pour le citoyen.

Il faut considérer ici que la religion, que le culte et que l'école supposent l'association d'hommes s'unissant librement en vue d'un objet déterminé. Liberté des cultes, liberté de la chaire, liberté d'éducation et d'enseignement signifie liberté d'association dans tout ce qui concerne les intérêts moraux du citoyen. Il ne peut y avoir déchéance du droit que lorsque le devoir est méconnu.

Passons maintenant aux droits de la volonté. Une faculté qui tient l'appareil musculaire sous sa dépendance, qui dispose du mouvement et de la force ne peut représenter que des droits et des devoirs importants. Elle rend l'homme maître de sa vie tant qu'il ne méconnaît pas ses devoirs, elle lui donne le droit d'aller et de venir, de travailler ou de se reposer.

Agrandir la volonté c'est agrandir l'homme entier aussi est-il d'une importance capitale de respecte les droits d'une pareille faculté. Dans son expansior elle est limitée par les volontés voisines et, quan elle entre en lutte, elle se fortifie. User de sa forc contre une autre force est un des grands bonheui de l'humanité ; tout jeu est une lutte, tout triompl est un obstacle surmonté. Il y a plaisir même dompter la nature, même à surmonter les élément L'homme est donc maître de diriger comme il l plaît la variété infinie de ses mouvements ; les gêne de quelque manière que ce soit, c'est attenter à sc droit ; sa liberté, sous ce rapport, n'a d'autre limi que son devoir.

Il faut donc considérer comme devant engendr la faiblesse, le découragement et l'ennui, le go vernement qui s'efforce de briser la volonté indiv duelle en brisant les droits qui la concernent. Va nement il s'applique à régulariser le mouvement la machine sociale, il produit un mécanisme là le concours des forces vives doit produire une natio L'histoire dit assez ce que valent les savantes m chines organisées par les despotes : les rouag s'usent, les mouvements se ralentissent, la monot mie produit l'engourdissement, la science décline, l'art se corrompt, les mœurs deviennent détestables, et le jour arrive où tout s'arrête. Rien de pareil ne se produit quand les volontés, par l'exercice constant de leurs droits, restent jeunes, souples et fortes. Toutes alors se font équilibre et ne cherchent pas leur grandeur dans l'abaissement d'autrui ; les plus actives, les plus amoureuses des grandes choses trouvent dans l'association des moyens efficaces d'accomplir leurs projets, aussi faut-il ranger le droit d'association parmi ceux qui dérivent de la volonté humaine.

Quand on rapproche des conditions de la vie de relation les diverses conditions de la vie organique, on voit surgir, avec des besoins nouveaux, une série de droits dont les plus remarquables sont ceux de production et de consommation. Ces droits comportent une série de libertés dont l'examen rapide devient ici nécessaire.

Si l'alimentation, le vêtement, la maison, etc., sont des conditions nécessaires de la vie sociale, elles donnent naissance au droit de consommer, dont le devoir corrélatif est celui de produire. Il n'est pas admissible, à l'état social, qu'un homme meure de faim, de froid ou de misère, mais il n' pas admissible non plus que celui qui s'attribue droit de consommation répudie le devoir de prod tion. S'il doit produire ce ne peut être que selon forces et ses aptitudes, c'est-à-dire selon sa liber ce ne peut être également que selon les conditic ordinaires du travail qui suppose l'instrument. conséquence est que l'état social qui impose consommateur le devoir de produire lui garan les conditions du travail, c'est-à-dire l'instrumer Quand le citoyen peut choisir la profession qui co corde avec ses forces et ses aptitudes, l'exercer où lui plaît et quand il lui plaît, obtenir l'instrume moyennant une redevance proportionnelle à la for productrice, s'associer avec qui bon lui semble obtenir les avantages de la combinaison des force il jouit du droit et de la liberté de production.

Le droit et la liberté de circulation veulent qu'u produit industriel, quel qu'il soit, ait pour marcl le monde entier, jouisse de tous les bénéfices de l publicité dans l'offre et la demande, puisse se tran: porter à travers les terres et les mers, enfin ren contre partout les conditions de l'échange. Alo seulement le fruit du travail obtient sa valeur et l propriété individuelle est fondée. Elle est faussée, au contraire, quand le travail et la production qui seuls ont mission de la constituer et de la rendre légitime subissent une spoliation.

Celui qui devient propriétaire obtient nécessairement le droit de disposer du fruit de son travail ; il peut l'épargner, le consommer ou le donner selon sa convenance ; il peut encore l'échanger, obtenir avec un seul produit tous les produits de l'industrie et se procurer la plus grande somme de consommation compatible avec un travail déterminé.

Le droit et la liberté de consommation supposent, en effet, ceux de production et ceux de circulation. Telle est la solidarité des fonctions économiques que la restriction de l'une d'elles atteint forcément les autres et que l'on ne peut gêner celle-ci sans asservir celle-là, et réciproquement. Restreindre la circulation c'est diminuer la valeur de la propriété, amoindrir la consommation et par suite la production. Restreindre la consommation c'est amoindrir la circulation et la production ; quant à l'amoindrissement de circulation et de consommation qui résulte d'une production restreinte, il est direct et évident.

Du rapport des libertés de la vie de relatio des libertés de la vie organique résulte, pou citoyen, les conditions de la grandeur que comp son être. Ses besoins physiques ne lui coûtent la moindre partie de ses forces et de son temps a des loisirs suffisants pour profiter des nombr moyens d'instruction qui sont mis à sa portée est à l'abri du luxe et de la misère; son trava sauve des malheurs de l'oisiveté sans lui imp l'abrutissement de l'extrême fatigue; il se tro ainsi, par le seul fait de l'organisation, dans meilleures conditions de santé, de moralité et bonheur. Il peut dès lors devenir l'organe d' société saine et forte, tandis que sa souffrance plique le dépérissement de l'organisme social d il fait partie. En lui donnant tout le développem que comporte son être, on imite le pédagogue cl chant à doter son élève d'un tempérament sa de membres robustes, d'une raison sagace et d'ı volonté énergique, moyens véritables d'arriver à pleine virilité.

II

VIE DE LA FAMILLE

Dans l'espèce humaine, les rapports des âges et des sexes, rapports qui doivent maintenir le droit et la justice entre des êtres très-différents, aboutissent à la famille dont la saine organisation est indispensable à la grandeur des peuples. Or, le moyen d'apprécier cette organisation consiste à en étudier les organes et à se rendre un compte exact des aptitudes qui caractérisent la femme, l'homme, l'enfant, l'adulte et le vieillard.

Il suffit d'analyser rapidement la structure physique et morale de la femme pour se convaincre que les conditions de la conservation de l'espèce dominent son être tout entier. En subissant les nécessités de la gestation, de l'enfantement et de l'allaitemen elle est déshéritée de forces et d'agilité ; en obtenai les qualités morales qui établissent ses rapports ave un être débile, dont les besoins doivent être devin et dont la vie ne se maintient qu'en absorbant d trésors de tendresse, l'âme de la femme penche ve le sentiment plutôt que vers la réflexion. De là cet faculté de divination ou d'intuition qui lui a é attribuée par tant de peuples.

Il suffit de considérer la structure féminine pou comprendre que la beauté doit lui apparten comme moyen d'assurer sa fécondité et de rem placer les forces productrices que la nature lui refusées. La beauté, en effet, est la force premiè de la femme qui, par elle, attire, rapproche, group inspire et devient l'agent capital de la société.

Tandis que l'état féminin est surtout grâce, fa blesse et sentiment, l'état masculin est surtout vi lité, force et intelligence. Dépositaire des germ aussi bien moraux que physiques, l'homme a l'in tiative : à ses muscles revient le labeur, à sa cervel revient l'invention et la science, à son caractè revient la lutte ; il est le grand moteur de la civi sation. En lui se retrouvent les qualités qui font soldat, le magistrat, le philosophe, le législateur et l'ouvrier. Les droits qui naissent de pareilles aptitudes seraient écrasants s'ils n'étaient compensés par d'immenses devoirs.

Sitôt que l'on met en présence les deux sexes, on voit qu'ils sont complémentaires, que la faiblesse de l'un suppose la force de l'autre, que la timidité appelle le courage, que le sentiment appelle la réflexion, que la beauté appelle la virilité. Les deux portions de l'humanité s'attirent ainsi par une série d'affinités dont l'objet est de rendre féconds des éléments qui, à l'état d'isolement, restent stériles et perturbateurs.

Celle dont l'existence est dominée par les nécessités de la reproduction ne peut être condamnée à la stérilité, et les institutions qui lui imposent le célibat sont la négation d'un droit affirmé par l'organisme entier. On ne peut de même lui imposer l'union, parce que l'amour, qui en est la condition à la fois organique et morale, procède d'affinités dont il garde le secret. Il est déterminé par des convenances physiques, affectives et intellectuelles, que lui seul sait reconnaître. Aussi veille-t-il à l'amélioration de l'espèce avec plus de sagacité que ne sauraient faire les médecins les plus éclairés. Le mieu est de le laisser agir dans son droit et sa liberté, à condition toutefois qu'il sera réel et non le fait d'u simple caprice. Son caractère exclusif et jalou éloigne toute idée de partage. Son ardeur, du cô de l'homme, sa timidité, du côté de la femme, dise assez qu'il doit subir plus d'une épreuve et n'arriv que par la liberté réciproque au mariage monogam le seul qui soit conforme au droit des sexes.

Un jour la pathologie sociale dira les misèr qu'endurent l'homme, la femme et l'enfant dans l sociétés qui méconnaissent les droits de l'amour admettent des unions d'où sont bannies la libert la justice et l'égalité. Ce n'est pas seulement alo la loi morale qui est méconnue, c'est encore la l physiologique : ce ne sont pas seulement les qu relles de ménage, l'adultère et les violences qu faut redouter, c'est encore la dégénérescence de race, c'est l'affaiblissement de malheureux enfan qui ne ressemblent en rien aux fruits sains et r bustes du véritable amour. Répétons encore qu'u tendresse profonde est la seule condition réelle mariage, qui devient antisocial quand il procède d convenances de fortune, de caste ou de position.

Dans ce qui touche à la conservation de l'espèce, la part n'est pas égale pour les sexes. Les peines, les douleurs et les dangers sont pour la femme, qui, en les acceptant comme un devoir, y trouve l'origine d'autant de droits ; les plaisirs sont pour l'homme, qui, les considérant comme des droits, en contracte autant de devoirs. Il en résulte, au profit de la femme, tendresse, sollicitude, protection et entretien de la part de celui qui l'a rendue mère, et qui conserve l'intégrité de ses forces, alors qu'elle est étendue sur un lit de douleur.

Hors de l'état de grossesse et d'allaitement, les travaux nuisibles à la grâce et à la beauté, ne sont pas le fait de la femme. Ils détruisent en elle des qualités utiles au ménage et à la société, tandis qu'ils ne font qu'ajouter aux qualités de l'homme, en se déversant sur lui. Mais en répudiant les travaux de l'extérieur, la femme assume ceux de l'intérieur.

Si des soins sont en rapport avec les aptitudes féminines, ce sont les soins du ménage. Les travaux légers qu'ils exigent, s'accordent avec des instincts d'activité intérieure, de propreté et d'élégance qui savent parer toute chose. En procurant le bien-être si complexe et si varié du foyer, la femme acquiert le droit d'être maîtresse au logis; elle représente le pouvoir intérieur, tandis que son mari, chargé de la protéger et de l'alimenter, représente le pouvoir extérieur.

Quand le ménage, qui est l'élément premier et capital de la famille, devient fécond, le fruit de la tendresse des deux époux a droit aux soins multiples que réclame sa vie. Sa mère lui doit l'allaitement, son père lui doit la protection, le ménage lui doit l'éducation physique et morale, jusqu'au moment où il peut pourvoir seul à sa subsistance. Ses devoirs vont s'accumulant avec les années. Ils ne sont, d'abord, que respect et obéissance, puis ils s'appliquent aux soins de la domesticité et deviennent ainsi un apprentissage de la vie sociale. L'enfant a le devoir de servir ses parents : en remplissant d'humbles fonctions, il y trouve un préservatif contre la vanité qui lui est naturelle, il épargne à l'adulte des travaux qui ne sont pas en rapport avec sa dignité, il apprend l'activité, l'adresse et la nécessité d'être utile, enfin il occupe la place que lui assigne la nature. Un zèle soutenu n'empêche pas l'adolescent d'être débiteur, envers ceux qui l'ont élevé, d'une somme énorme de devoirs. Rarement il peut dim nuer sa dette avant sa virilité; mais quand il atteint la force de l'âge, il est en mesure de payer son arriéré. Alors ses parents ont vieilli : ils ne sont plus en mesure de produire autant qu'ils consomment, leurs besoins se multiplient quand leurs forces diminuent, ils retrouvent, à la fin de la vie, l'exubérance de droits qui caractérise l'enfance.

La conséquence est que, dans la famille, les forts ont momentanément plus de devoirs que de droits, tandis que les faibles ont plus de droits que de devoirs. Mais l'équilibre se rétablit avec les diverses périodes de la vie.

Un simple rapport physiologique montre que les âges sont complémentaires, tout autant que les sexes; que les droits et les devoirs de la force correspondent aux droits et aux devoirs de la faiblesse, que l'amour paternel correspond à l'amour filial, que l'affection du protégé répond à l'affection du protecteur, que l'échange de services, s'il doit se faire à long terme, n'est pas moins réel; que les parents, en accumulant des trésors de soins et de tendresse sur la tête de leur enfant, se créent dans l'avenir un trésor de soins et de tendresse.

Dans la famille, née de la combinaison des sexes

et des âges, chacun profite des qualités d'autrui et obtient une somme de vie bien supérieure à ce que peut donner l'isolement. Mais que l'un des âges ou des sexes s'arroge des droits sans devoirs; que l'enfant, l'adulte, le vieillard, l'homme ou la femme subisse une déchéance! la vie de tous est déchue. Le musulman en fait la triste expérience : il retranche de son existence tout ce qu'il enlève à l'existence de ses femmes ou de ses enfants; parce que nul n'impose une tyrannie sans ressentir une servitude, ne donne une liberté sans devenir plus libre, n'accepte un devoir sans acquérir un droit.

Du moment où la combinaison organique fait de la famille un être à la fois masculin et féminin, jeune, adulte et vieux, elle crée des faculté qui ne sauraient exister chez l'individu et qui peuvent ce qui lui est impossible; elle a des droits qu'il ne possède pas. Souveraine comme est toute personne morale, elle a les pouvoirs qui sont le fait de la personne collective et qui s'appliquent aux actes exclusivement familiaux. Le délibératif est représenté par un conseil appelé à se prononcer sur tous les intérêts majeurs et se composant des adultes des deux sexes; l'exécutif est surtout composé de l'élément viril, le judiciaire est représenté par la vieillesse. Quant aux pouvoirs économiques, ils ne sauraient se séparer des autres dans un organisme où la production, la répartition et la consommation sont déterminées par des lois naturelles et primordiales.

Dans les familles où l'on délibère en commun sur les intérêts de la maison, où les hommes savent exécuter promptement et habilement les décisions prises, où les vieillards savent tempérer, par l'autorité de leur âge, les caprices de l'enfance, la présomption de l'adolescence, la passion de la femme et la rudesse de l'homme, on est certain de voir naître la prospérité. La discipline s'établit sans contrainte et par la spécialité des fonctions; le concours naît de la libre volonté et non de la suprématie d'un seul; la solidarité passe des intérêts dans l'honneur du nom, on voit disparaître les tiraillements et les oppositions sourdes qui sont les plaies de la vie intime; chacun, vivant dans autrui, apprend à aimer en dehors de soi et acquiert ainsi les principaux éléments du bonheur.

Parmi les actes soumis à l'autorité de la famille, se place le mariage des jeunes gens des deux sexes, qui prétendent faire souche à leur tour et suivre les lois du cœur humain. Mais l'union que détermine un sentiment mobile et variable de sa nature, offre bien des chances de malheur. Un étourdi de vingt ans peut prendre pour un amour éternel le désir momentané qu'auront fait naître les artifices d'une coquette, une jeune fille verra une passion indestructible dans un simple caprice de son cœur. Si ces deux êtres peuvent quitter la maison paternelle et se marier, quand bon leur semble, les mauvais ménages et tous les désordres qui en sont la conséquence se multiplieront à l'infini. Il n'en sera pas de même si l'autorité douce et paternelle de deux familles impose à la tendresse les épreuves qui en démontrent la persistance et éclairent les fiancés sur leurs qualités respectives. Ajoutons qu'un adolescent ne peut prétendre amener dans la maison de ses pères une femme dont les mœurs et la personne leur sont antipathiques ; de même la jeune fille ne peut quitter le toit paternel malgré ceux qui ont sur elle une énorme créance de tendresse et de soins. Si l'amour parle, il doit subir des épreuves avant d'arriver au mariage ; il doit obtenir l'assentiment des grands parents, dont la clairvoyance distingue la passion éphémère du sentiment durable, gagne du temps sous mille prétextes, et, par son seul bénéfice, empêche des unions qui seraient amèrement regrettées par la suite.

Quand la tendresse dure et supporte les épreuves qui lui sont imposées, elle trouve d'ardents défenseurs. Le mariage approuvé par deux maisons, dont les membres en témoignent, doit être consacré et béni par les présidents respectifs des deux conseils de famille. Il devient ainsi un acte solennel et intime que des regards indifférents, curieux ou railleurs ne doivent pas contempler; il ménage toutes les délicatesses du sentiment, il n'expose pas l'épousée à rougir en présence du public.

On cherche vainement à quel titre la commune prétend consacrer le mariage et prendre autorité sur l'acte qui détermine la formation de la famille. Du moment où cette dernière est considérée comme souveraine, seule elle a pouvoir sur ses actes intimes, son devoir se bornant à donner avis de ceux qui peuvent intéresser les autres personnes sociales.

Dans une famille sainement et fortement constituée, il n'y aura pas d'union déterminée par le caprice du cœur, par des intérêts d'argent ou par des convenances de caste; aussi les mauvais ménages seront-ils rares. On doit cependant admettre que la mobilité du caractère dans l'espèce humaine les rend toujours possibles ; en ce cas il est immoral de maintenir des rapports réprouvés par la tendresse et de lier l'un à l'autre des êtres qui se détestent ou portent dans le cœur un amour adultère. Ils ont pu se promettre fidélité dans la limite des forces humaines: mais, nul n'étant certain d'aimer toujours la même personne et de n'en pas aimer une autre, le sentiment qui a déterminé le mariage peut devenir une cause de divorce. Ceux qui ont prononcé sur celui-là peuvent seuls prononcer sur celui-ci et délier ce qu'ils ont lié.

Quant à la simple séparation de corps et de biens, elle ne peut être admise, parce qu'elle devient une mutilation morale en prescrivant le célibat, parce qu'elle interdit aux deux sexes d'avoir des enfants légitimes et attente ainsi à un droit imprescriptible, enfin, parce qu'elle est, trop souvent, l'origine d'une vie de scandale et d'immoralité.

Il appartient au conseil de famille de tenir généalogie et filiation de tous ses membres, d'enregistrer leur naissance et leur décès. Il doit encore, afin d'assurer la discipline et la hiérarchie, toujours difficiles à maintenir, déclarer la fin de la première enfance, de la seconde enfance et de l'adolescence, attribuant à chacune de ces périodes de la vie les droits et les devoirs qui lui reviennent naturellement. Chez les anciens, ces déclarations donnaient lieu à des fêtes de famille, elles amenaient un changement de costume chez ceux qui s'élevaient en dignité et qui prétendaient justifier, par leur conduite, la distinction dont ils étaient l'objet. Les enfants savaient, à l'avance, que tel grade obtenu impliquait telle fonction familiale : celle-ci, bien que touchant à la domesticité, n'était pas plus humiliante pour eux que la faction, à la porte du général, n'est humiliante pour le simple soldat.

La résidence ou l'émigration relèvent encore du gouvernement de la famille, de même que les décisions d'intérêt, d'honneur ou de dignité, de même que l'instruction et l'éducation du jeune âge, de même que l'état des mineurs, de même que tous les actes touchant à la prospérité organique ou morale de la maison. Si ces actes, comme ceux de mariage, de naissance et de mort, intéressent le municipe, ils lui sont communiqués afin qu'il les enregistre et réserve les droits de l'intérêt public

Quand la famille aura dans la société la place qu lui assigne la nature, une grande force sera créé et les éléments d'ordre prendront une importanc capitale. Au lieu de s'isoler et de multiplier ce existences flottantes qui sont la plaie des société modernes, les enfants du même père se grouperon comme des associés naturels. Ils faibliront raremen dans la vie quand ils seront soutenus par des bra et des cœurs amis, ils craindront d'entacher u honneur qui est le patrimoine de tous ceux qu'il aiment.

Une organisation, si forte qu'on puisse la sup- poser, ne peut empêcher que l'avenir des famille soit menacé par la stérilité ou par la mort. Le re mède à ce double mal est l'adoption. Elle doit êtr facultativepour les deux sexes et substituer la pater nité du cœur à celle du sang. Elle doit être permis aux célibataires comme aux gens mariés, du mo ment où les uns et les autres peuvent subvenir au besoins de l'être qu'ils adoptent et donner des gage suffisants de moralité. Chacun alors pourra donne une famille à l'orphelin et trouver un enfant aimer et à soigner; chacun, en descendant vers l tombe, pourra transfuser sa vie dans un survivant; chaque abandonné pourra obtenir une mère nouvelle et chercher dans son sein l'allaitement organique ou moral que lui a enlevé la mort.

Telles sont les fonctions principales qui caractérisent la vie de famille. Elles sont, pour l'individu, un accroissement considérable de forces et de facultés; elles lui font acquérir, sous un gouvernement paternel, les habitudes d'ordre et de discipline que nécessite l'état social; elles l'initient progressivement à la vie supérieure que suppose l'organisation de la commune.

III

VIE DE LA COMMUNE

Une famille ne peut produire qu'à l'état rudimentaire les conditions de l'éducation du commerce et de l'industrie ; elle ne peut suffire aux grands travaux que supposent la science, l'art, l'agriculture et les conditions économiques; elle arrêterait donc la civilisation dans son essor, si elle ne contribuait à la formation d'un organisme social ayant les forces et les facultés dont elle est dépourvue. Lorsque cent familles et plus sont combinées dans une commune, il est naturel que celle-ci possède une grande variété d'aptitudes. La spécialité des fonctions sociales peut, dès lors, s'accuser, tant sous le rapport politique que sous le rapport économique; il peut y avoir science, art, industrie et commerce à l'état primaire. Mais ces fonctions d'un organisme complexe, intelligent, moral et actif ne peuvent exister sans un appareil nerveux, sans un gouvernement. Dans la famille, le gouvernement est désigné par la nature et résulte des aptitudes de l'âge et du sexe; dans la commune, au contraire, nulle famille, nul individu ne porte la marque distinctive du gouvernement communal, que le suffrage seul peut rendre conforme au droit et à la liberté. On sait que les pouvoirs sont politiques et économiques, que tous doivent être distincts et qu'ils doivent se faire équilibre dans toute souveraineté qui ne veut pas aboutir à la tyrannie.

En sa qualité d'organisme et d'être vivant, la commune est tenue, avant toute chose, de s'alimenter, et, si elle ne veut le faire au détriment d'autrui, ce qui est antisocial, elle est obligée de produire. Sa production, qui ne saurait se faire par le travail, relevant entièrement et absolument de la souveraineté individuelle, ne peut se faire que par l'instrument. Il en résulte que le pouvoir de production a droit sur l'instrument et devoir de lui donner toute la fécondité qu'il comporte. Or, l'instrument terre ne peut donner à la commune des produits considé rables que s'il est aménagé d'une façon conforme ; la science agricole et affermé aux individus et au: associations, selon la loi de publicité et de libr concurrence. De même l'instrument aratoire, l'ins trument bétail, la machine agricole, etc., ne donnen des revenus abondants qu'à la condition de se per fectionner incessamment, et ce progrès continu es dévolu aux soins du pouvoir producteur. Il doit d même améliorer les instruments de l'industrie e tenir à sa disposition les capitaux qu'elle réclame il doit activer le travail sous toutes ses formes, parc que ce dernier peut seul féconder l'instrument dor les produits reviennent à l'être collectif.

Un pouvoir producteur réellement digne de so mandat peut, en quelques années, augmenter cons dérablement la richesse d'un pays. N'ayant à lutte que contre la nature pour endiguer les rivières (utiliser leurs eaux en irrigations fécondantes, pou dessécher les marais, pour tracer des routes, pou élever des abris, pour défricher les landes, pour l(mille améliorations qui trouvent un obstacle insu montable dans la propriété foncière, il est en mesu de fertiliser les terrains les plus ingrats. En mettan moyennant redevance, l'instrument aux mains de tous ceux qui peuvent le manier, il en assure la valeur en même temps que celle du travail; il réunit au plus haut degré les conditions de la prospérité économique.

Avec la mission de faire surgir, par la location d'instruments perfectionnés, les propriétés de la commune, le pouvoir producteur ne saurait avoir mission d'encaisser les richesses communales. Ses fonctions lui donnent une puissance qui dégénérerait en tyrannie s'il devenait le maître de la consommation. La direction de celle-ci est dévolue à un pouvoir rival qui, avec le droit de faire la recette, assume le devoir de limiter la dépense et de tenir ainsi en échec les autres pouvoirs. Chacun d'eux, par le fait même de l'organisation, est poussé à l'agrandissement; chacun veut acquérir de l'importance et obtenir une consommation plus considérable; il faut donc qu'un compte de dépenses, calqué rigoureusement sur celui des recettes, vienne arrêter ces prétentions.

Si le pouvoir de consommation que la nature de ses fonctions dispose à l'économie, desserre volontiers les cordons de sa bourse, ce doit être pour les dépenses productives, pour celles qui concernei la création ou l'amélioration de l'instrument. I véritable administrateur avance volontiers les fon(d'une entreprise fructueuse ; mais il répugne ac dépenses de luxe qui, stériles dans le présent, con promettent la fécondité de l'avenir.

Les capitaux dont dispose le pouvoir de consor mation ne se composent pas exclusivement d(revenus de la commune, ils comprennent encoi l'épargne des individus. Quand ces derniers, usaı de leur liberté, convertissent en instrument le pr(duit de leur travail, ils doivent en payer l'intér sous forme de patente, autrement ils pourraiei cumuler les bénéfices du travail et ceux de l'in trument ou louer ce dernier à leurs concitoyen Ils se créeraient ainsi un revenu qui les dispens rait, ainsi que leur lignée, de travailler pour vivr ce qui est contraire à la loi sociale.

Du moment où l'individu sera tenu de payer ur redevance pour la propriété qu'il voudra convert en instrument, il préférera, le plus souvent, dépos(ses épargnes dans les caisses communales. Ses re sources, pour l'avenir et pour le temps de la viei lesse, pourront même se convertir en un systèn d'assurance qui attirera incessamment les capitaux disponibles dans le trésor de la commune et permettra d'en faire des instruments aussi profitables à la richesse publique qu'au travail de l'individu.

Par cette disposition, l'épargne ne sera pas stérile et pourra suffire aux exigences du progrès économique, sans ôter à la consommation ce qui est indispensable à la prospérité de la production. Un peuple qui économise trop tarit certaines sources de la richesse; aussi le devoir constant des pouvoirs économiques est-il de maintenir l'équilibre entre les fonctions qu'ils représentent. Ils ne doivent pas plus tolérer l'avarice que la prodigalité, car la loi morale les oblige autant que les particuliers.

C'est pour suivre cette loi morale et garder au fruit du travail tous les caractères de la propriété que le pouvoir de circulation dans la commune doit être prêt à recevoir dans ses magasins les produits individuels et collectifs, à vérifier leur qualité, à les enregistrer sous le nom du propriétaire qui en détermine le prix de vente, à délivrer, en attendant celle-ci, un bon d'échange représentant les trois quarts de la marchandise au prix courant, bon qui permettra au détenteur d'acheter dans les magasins

de sa commune, ou dans ceux de la nation, tous l
objets dont il peut avoir besoin. Sa propriété vendu
il recevra le complément du prix, moins ce que r
présentent les frais de magasin et de circulatior
frais qui, sans dépasser deux ou trois centième
empêcheront les producteurs de coter leurs ma
chandises à un taux qui en retarderait indéfinime
la vente.

On doit comprendre combien sert à la circulatic
économique un pouvoir qui, au fur et à mesure c
la production, livre à chacun, en monnaie courant
les trois quarts du fruit de son travail, qui off
continuellement à l'achat et à la vente toutes l
marchandises de la commune, et les maintient da
les conditions les plus favorables de conservation a
moyen des magasins publics. Il ne faut pas dout
qu'un pouvoir de circulation sainement instit
empêchera les hausses factices que produit la p
nique ou l'accaparement, les baisses rapides qui r
sultent de l'écrasement du marché par des produ
soustraits à la circulation et tenus en réserve. Quai
tous les produits seront mis simultanément en ver
dans toutes les communes d'un grand pays, quai
la plus grande publicité présidera aux transactio

commerciales, quand les statistiques pourront signaler le moindre déficit dans une espèce de marchandise, et avertir ainsi la production, on peut être assuré que les prix obtiendront une stabilité inconnue jusqu'ici. L'achat et la vente étant soustraits à la spéculation ne supporteront que des frais insignifiants et le pouvoir de circulation pourra remplir son mandat en donnant à la consommation toute l'activité que demande la prospérité générale.

Chaque pouvoir économique a des fonctions qui lui sont propres, mais il en a d'autres qui concernent aussi ses voisins; si bien que la solidarité qui existe entre la production, la consommation et la circulation se retrouve dans les pouvoirs qui les représentent. S'ils veulent remplir leur mandat, force leur est d'agir en commun dans une foule de circonstances et de se combiner sous forme de gouvernement économique. Ce dernier dans la commune sera directeur de la richesse communale; il fera équilibre au gouvernement politique dont il peut maintenir les ambitions et les écarts en refusant de fournir aux dépenses sortant des limites que leur assigne la loi.

Le délibératif communal, dont les fonctions consistent à préparer, discuter et voter, non pas la lo mais les règlements ou arrêtés qui doivent en assur l'application, comprend assez de capacités divers pour que nulle des matières sur lesquelles il délibè ne dépasse sa compétence. Il a l'initiative de s actes, il délibère quand et comme bon lui sembl de même qu'il peut le faire à la sollicitation d autres pouvoirs, et sur des sujets fournis par eu Chargé de rendre conforme à la loi la multitu des actes communaux qui ne peuvent être prév par elle, subordonnés qu'ils sont aux mille circo stances que comporte la vie, selon les temps et l lieux, le délibératif communal n'a jamais épuisé tâche. Ses règlements ont sans cesse besoin d'êt modifiés ou complétés, mais son action cesse moment où il les édicte. S'il prétendait appliquer s ordonnances il arriverait vite à la tyrannie.

Un autre pouvoir, l'exécutif, est chargé de rep senter la volonté communale et de pourvoir a actes variés que suppose la politique. Or, l'acti suppose la force, et la force communale se comp de ses adultes doués des qualités viriles. Une te réunion d'hommes, quand elle est convenablem armée, est en mesure de dompter la résistance tout individu et de toute famille, elle met l'exécutif en mesure de faire respecter les personnes, leur honneur et leur propriété. Disposer de la force, c'est disposer de la police dont la mission est de maintenir l'ordre public. Les fonctionnaires qui veillent sur lui relèvent de l'exécutif au même titre que les fonctionnaires dirigeant la force armée.

C'est encore à l'exécutif communal qu'il faut attribuer l'état civil chargé d'enregistrer la naissance et la mort, le mariage et le divorce des membres de la commune qui ne saurait ignorer l'état des familles dont elle se compose. Mais quand elle s'attribue le droit exclusif de légitimer le mariage ou le divorce, de transformer le nouveau-né en citoyen par son inscription sur ses registres, elle commet une usurpation sur les pouvoirs familiaux. Elle peut demander la communication d'actes dont la connaissance importe à son organisation, mais il ne saurait lui appartenir de toucher à ce qui relève directement de la vie individuelle ou familiale.

A l'exécutif appartient encore le soin d'appliquer les règlements qui concernent l'hygiène publique et ceux qui concernent l'instruction et l'éducation à son état primaire; règlements que le délibératif peut varier de mille manières dans ce qui concerr l'enseignement donné par la commune, sans pouvo infirmer la loi qui assure à chaque citoyen, ou des associations, le droit d'ouvrir partout des écol et de faire concurrence à l'enseignement public.

Les fonctions du judiciaire consistent à sauv garder tous les droits, ceux de la commune comm ceux des familles ou des citoyens, à réprimer to acte tyrannique. Si quelqu'un est lésé dans sa pe sonne, sa propriété ou son honneur, il doit pouvoi obtenir immédiatement réparation en citant son ad versaire devant le tribunal. En face de cette grand chose que l'on nomme justice, l'enfant est l'égal d la nation, la souveraineté elle-même doit courber l tête si elle ne veut devenir la négation d'elle-même Par malheur, la science et la vertu de l'homme n sont pas à la hauteur du juge dont les plaideur peuvent, trop souvent, accuser l'insuffisance. L palliatif à ce mal est l'appel à une juridiction supé rieure, appel qui, en principe, ne saurait êtr refusé.

Une autre fonction importante du judiciaire con siste à régler les conflits qui s'élèvent entre les dif férents pouvoirs de l'ordre politique ou de l'ordr économique, et de les maintenir dans leurs limites respectives. Il n'est incompétent que pour les conflits qui s'élèvent entre les gouvernements. Faisant partie de l'un d'eux, il prononcerait dans sa propre cause, ce qui est inadmissible.

Quand il y a conflit entre l'action politique et l'action économique, le seul juge est l'assemblée du peuple qui a délégué sa souveraineté. Seul le peuple est en mesure de prononcer. En dehors de tout conflit ses agents lui rendent compte annuellement de la manière dont ils ont rempli leur mandat, afin qu'il puisse enlever le pouvoir aux incapables ou le maintenir chez les habiles. Ces comptes rendus supposent la plus grande publicité dans les actes politiques ou administratifs, ils supposent que chaque électeur est en mesure de s'éclairer sur les affaires publiques, d'en prendre le goût et la connaissance, de surveiller ses mandataires et de maintenir ainsi l'honnêteté et l'habileté de ceux qui subissent l'action dissolvante du pouvoir.

Avec des fonctions ainsi organisées, il est impossible que la vie communale ne soit pas saine et intense, il est impossible que l'individu et la famille n'obtiennent pas l'exercice de leurs facultés.

L'homme, pourvu de tous les moyens d'action ré servés à son espèce, se voyant garantir un trava assez fructueux pour n'absorber qu'une partie d ses forces, certain de disposer de sa propriété entière participant à tous les pouvoirs qui le touchent pa le moyen de l'élection, libre de parler, libre d'en seigner, libre d'agir, libre de s'associer, d'aller, d venir et de produire à sa convenance, ne peut man quer d'obtenir la puissance physique et morale qu comporte son être. Préservé de la plus grande pa des peines qui s'attachent trop souvent à l'humanité il ne peut manquer d'être joyeux et bon. Le lux et la misère devenus impossibles, ne laisseront plu dans son cœur ces ferments de l'envie qui empo sonnent la vie sociale tout entière; il désapprendı la médisance et la calomnie, il apprendra les plaisi que donne la culture de l'esprit, il aimera ceux q seront vraiment ses égaux et feront avec lui échang continuel de service et d'affection. Jusque-là l prédications et les écrits seront tout à fait inefficace Quand on veut obtenir l'honnêteté dans l'espèce humaine, il faut détruire les avantages de la fraude quand on veut de bonnes mœurs, il faut établir l conditions de la moralité. Le christianisme et l

Antonins ont-ils empêché Rome de succomber, écrasée par la corruption? L'aumône empêche-t-elle le paupérisme? les prétendues lois somptuaires empêchent-elles les familles de se ruiner? Tant de préceptes de morale écrits par le voluptueux Sénèque et par les autres moralistes, qui abondent aux époques de corruption, ont eu l'efficacité des sermons de grands dignitaires qui prêchent l'humilité du haut d'un titre féodal, et la pauvreté vêtus de soie, d'hermine et de pourpre.

IV

VIE DE LA PROVINCE.

Dans la commune se trouve la satisfaction d besoins primaires de l'humanité, mais non l'év lution complète de la vie sociale. L'instruction, commerce, l'industrie, la science et l'art veule un plus grand théâtre et les facultés d'un org nisme plus puissant; ils veulent que les vies comm nales se combinent dans la vie provinciale, comm la commune rassemble dans un tout vivant les i dividus et les familles.

En montant jusqu'à la province, la délégatic des pouvoirs atteint le deuxième degré, ce qui su pose que les élus communaux deviennent les éle

teurs provinciaux. Le lien et la hïérarchie s'établissent naturellement, ce qui est le signe de la véritable organisation. Une preuve de la nécessité des pouvoirs au deuxième degré, se tire des fonctions qu'ils doivent remplir. Or, si la famille a besoin d'être protégée par la commune, contre les violences de ses voisines, la commune a besoin d'être protégée par la province et d'obtenir l'intégrité de son droit et de ses libertés.

Le gouvernement politique de la province n'ayant à surveiller ni les individus ni les familles, se simplifie en s'agrandissant. Sous sa forme délibérative, il règle le mode d'application de la loi provinciale et trace le cercle dans lequel doivent se mouvoir les autres pouvoirs. Il peut ainsi plier la vie provinciale aux variations infinies que présentent les temps et les lieux, sans blesser en rien les principes sur lesquels reposent la société et la civilisation ; principes qui seraient altérés incessamment, s'ils n'étaient adaptés, par un pouvoir spécial, à des races, à des territoires et à des climats très-divers.

On peut apprécier l'importance de l'action législative dévolue à la province, en se rappelant que cette action peut concerner mille communes et plusieurs millions d'individus. Quand une influen pareille est attribuée à l'intelligence et au caractè de certains hommes, on comprend que leur capac politique soit mise à l'épreuve du suffrage à de degrés.

L'exécutif, qui est dépositaire de la force provi ciale et qui commande à la légion produite par réunion des forces communales, est en mesure dompter toutes les résistances qu'il peut rencontr dans sa circonscription. Il maintient la police ent les municipalités, comme celles-ci la maintienne entre les individus; il veille à la paix publique, pourvoit à la sûreté des routes, il se charge de to ce qui excéderait les forces de la police à l'état p maire. Il pourvoit de même à l'instruction seco daire et spéciale, qui excède les forces de la co mune, dont les écoles ne peuvent satisfaire que l besoins élémentaires de la civilisation. Dans les écol provinciales sont admis les élèves qui ont fait preuv par le concours, de facultés supérieures et ont mo tré une intelligence capable d'atteindre les sommit de la science ou de l'art. L'instruction est gratu à tous les degrés, mais elle doit l'être surtout à l'ét secondaire, parce que le savant, l'artiste et l'ing nieur rendent toujours à leur patrie plus qu'ils ne lui ont coûté.

Au judiciaire de la province appartient le droit de prononcer sur les litiges des communes, car celles-ci ne peuvent être juge et partie. Or, ces litiges peuvent varier à l'infini et comprendre, outre la circonscription territoriale, le régime des eaux, les incommodités produites par certains établissements industriels, etc.

Une autre fonction du tribunal provincial consiste à prononcer, par suite d'appel, sur les procès qui divisent les individus et les familles ; enfin il prononce sur les crimes qui émeuvent l'esprit public dans les centres restreints de population et faussent les conditions de l'impartialité.

Quant aux fonctions d'arbitre naturel dans les contestations qui s'élèvent entre pouvoirs du même degré, elles appartiennent au judiciaire de la province comme au judiciaire de la commune ou de l'État, mais le jugement exécutoire ne peut être prononcé, en pareil cas, que par l'assemblée des électeurs, approuvant la conduite du fonctionnaire incriminé, ou le remplaçant par un autre, s'il s'est montré indigne de son mandat.

Le gouvernement économique de la province 1
peut faire équilibre au gouvernement politique, sa:
maintenir dans des proportions déterminées l
fonctions organiques qu'il représente. Son pouvo
de production s'étend sur les agents naturels c
instruments qui ne relèvent ni de la commune 1
de l'État. Ils comprennent les cours d'eau et les la
d'une étendue moyenne, les mines de houille, c
fer, de cuivre, de marbre, etc., qui occupent c
vastes bassins et exigent, pour une exploitatio
vraiment scientifique, des forces et des capitaux cor
sidérables; ils comprennent enfin certaines indus
tries, qui, ainsi que les chemins de fer, les routes e
les canaux, tiennent à des fonctions provinciales e
dépassent les forces de l'individu ou de la commune

Il n'est pas nécessaire que la production de l
province soit très-considérable, sa consommatio:
étant restreinte et n'augmentant que par le fait de
travaux productifs. Cependant la richesse produit
par l'habileté, l'ordre et l'épargne du pouvoir d
consommation, devient ici, comme en toute circon
stance analogue, un véritable bienfait social. La
province qui peut consacrer une part de ses épargne:
à des monuments ou à des créations artistiques et qui

relève ainsi dans le cœur de ses membres l'idéal du beau, du bien et du vrai, agrandit l'âme humaine et en augmente d'autant la puissance ; la province qui reboise ses montagnes, qui endigue ses rivières, qui aménage ses ruisseaux et les convertit en moyens d'irrigation s'enrichit dans l'avenir avec la dépense présente. Son pouvoir de consommation se dispose de la sorte à rendre au pouvoir de production ce qu'il en a reçu. Les intérêts de l'un et de l'autre sont solidaires, aussi le contrôle doit-il être mutuel et incessant.

Quant au pouvoir de circulation, il prend dans la province une importance extrême, chargé qu'il est de pourvoir au transport des hommes et des choses, entre les communes de sa circonscription. Observons avant tout que la circulation en sa qualité de fonction distincte de la production ne saurait être, pour la personne sociale, une source de revenu.

Elle doit transporter les citoyens, les lettres et les marchandises au prix de revient et organiser les services pour suffire aux besoins généraux. Ses magasins doivent recevoir et expédier les produits à échanger avec ceux d'une autre province, sa banque doit contresigner le papier communal et lui donn cours de monnaie provinciale ; ses statistiqu doivent éclairer tout producteur et tout consomm teur qui en demandera communication, ses contr leurs doivent vérifier la qualité des produits et l retourner au propriétaire s'ils ne sont pas conform aux lois de la probité commerciale. A ce prix seul ment la circulation sera organisée et s'adaptera a nécessités de l'assimilation et de la nutrition s ciales ; à ce prix le droit d'aller et de venir recev complète satisfaction et deviendra la base d'u liberté réelle au lieu d'être un privilége de richesse.

Si les proportions des pouvoirs qui relèvent d gouvernement politique et du gouvernement écon mique sont déterminées par la loi d'organisation aboutissent à un équilibre général, on peut affirm à l'avance que la vie provinciale aura l'intensi nécessaire. Elle fera surgir et saura conserver l aptitudes qui tiennent à la race, au sol et au clima elle ne laissera rien perdre des virtualités humaine elle étendra l'horizon du citoyen au delà de ce qu peut voir du haut de son clocher, elle lui fera fra chir les premiers degrés de la science et de l'ar elle lui fera sentir que sa vie est solidaire de celle d'un million d'hommes, enfin elle le préparera à la vie nationale, source de toute grandeur dans l'humanité.

V

VIE DE LA NATION.

Comme l'ensemble des communes produit la pr(vince, l'ensemble des provinces produit la natior qui restera l'organisme supérieur de l'humanité ta que celle-ci n'aura pas adopté pour elle-même l(lois de l'organisation. Dans cet être vivant que l'o nomme nation, les fonctions prennent des propo tions colossales. Les facultés se manifestent dans l langue qui renferme les virtualités de la logique, c l'enseignement et de la poésie, qui semble posséd(de merveilleux instincts de divination, qui est l'; gent premier et indispensable de toute civilisation elles se manifestent encore dans la science, classa sous des formules déterminées les faits qu'elle constate et établissant, sous forme de loi, la nécessité des rapports mille fois observés ; elles se manifestent enfin dans l'idéal du beau, du bien, du bon, du vrai, du juste et du fort, qui tous sont complémentaires les uns des autres et se condensent dans la divinité.

L'individu qui vit hors de la nation est frappé de déchéance; mais celui qui fait partie d'une nationalité saine et vivante grandit parmi les hommes et sent ses forces décuplées. Il ne saurait donc rester indifférent à la véritable organisation d'un être dont il fait partie et dont il tire ce qu'il y a de plus élevé dans son existence.

Dans la nation, les pouvoirs au troisième degré procèdent du suffrage au troisième degré. Il en résulterait une force écrasante contre l'individu si la puissance de l'État était proportionnée à son étendue. Mais chaque degré de suffrage l'éloigne de la souveraineté première et lui fait perdre quelque chose de son intensité, exactement comme diminue l'affinité chimique et organique à mesure que les composés deviennent binaires, ternaires ou quaternaires. La souveraineté de l'État ne saurait donc dominer les souverainetés individuelles, communales et provinciales qui lui sont antérieures et ne peuvent subir une suprématie sans perdre leur caractère. Ajoutons que la série organique veut que l'individu soit appuyé par sa famille contre la commune, par sa commune contre la province, et par sa province contre l'État.

Le délibératif de l'État vote les statuts qui obligent la nation entière et sont, après la loi, ce qu'il y a de plus respectable, car ils sont l'expression de la sagesse et de la morale d'un peuple. Toujours modifiable avec le temps et les circonstances, le statut indique les moyens que prétendent employer les nationalités diverses pour appliquer la loi sociale et rendre son règne possible parmi des races qui varient infiniment d'aptitude et de maturité.

Chaque progrès réalisé dans les mœurs peut passer dans le statut qui, en mille circonstances, peut prendre l'initiative et transformer les peuples sans leur imposer ni secousse ni déchirement. Mais de grandes qualités d'esprit et de cœur sont nécessaires aux hommes qui ont la mission de guider leurs concitoyens sur la voie sans fin de la civilisation, et il est juste d'exiger de grandes preuves de capacité ou de vertu chez celui qui doit édicter les corollaires de la loi.

Au législatif de l'État revient la mission de réformer les ordonnances des provinces, comme celles-ci réforment les arrêtés de la commune quand ils sont contraires à l'esprit de la loi. Cette hiérarchie est indispensable pour empêcher les illégalités et pour obliger les diverses souverainetés à rester dans le cercle de leurs attributions respectives.

Sous la direction de l'exécutif de l'État se trouve la force entière de la nation qui peut être opposée à des forces hostiles, soit qu'elles viennent de la province, soit qu'elles viennent de l'étranger. Une armée est d'autant plus puissante, abstraction faite du nombre de ses soldats, qu'elle se conforme davantage aux lois de l'organisation et représente plus fidèlement la structure de la nation. Tandis que les communes organisent les centuries, les provinces organisent les légions dont le commandement leur appartient; enfin, l'État organise l'armée et lui donne un général. Chaque organisme social entretient ses soldats, et, en cas de guerre, solde à l'État une contribution, sans laquelle la conduite des opérations militaires serait impossible. Il faut, en effet, des ressources immenses pour approvisionner les arsenaux et les magasins, transporter des masses de troupes à de grandes distances, élever des retranchements et pourvoir à des besoins de toute espèce. L'État, dont les ressources sont très-bornées, ne peut suffire à de telles dépenses, si la richesse des communes ne lui vient en aide.

En temps de paix, le pouvoir exécutif de l'État ne dispose que des forces nécessaires pour maintenir la police entre les provinces, pour empêcher les déprédations que pourraient commettre les brigands venus du dehors ou pour appuyer les négociations diplomatiques. Les relations internationales sont en effet dirigées par le pouvoir qui, seul, a mission d'agir et de parler au nom de la nation entière. Il rédige les traités de guerre et de paix, les soumettant au législatif et au judiciaire de l'État qui décident en dernier ressort s'ils sont conformes à la loi et aux statuts; il envoie des ambassadeurs, il contracte des alliances, mais ses actes doivent être ratifiés par le gouvernement dont il fait partie.

Une des fonctions les plus importantes de l'exécutif de l'État est la direction supérieure de l'instruction publique. Celle-ci doit toujours se conformer au génie national afin d'utiliser les aptitudes qui procédent de la langue ou d'une forme particulière de l'intelligence : elle doit encore s'efforcer de combler, par l'enseignement, les lacunes qui existent dans l'esprit ou le cœur des nations. Certaines, faute d'idéal, ne comprendront que le côté matériel de la civilisation, n'apprécieront que le gain, ne priseront que ce qui profite et ne pourront arriver aux sommités du droit, de la justice et de la liberté, si leur infériorité relative ne disparaît devant l'enseignement des arts qui seuls donnent le besoin d'idéaliser. Ce qui se fait au profit des arts peut se faire au profit de la science, de la morale, de la gymnastique musculaire et de tout ce qui contribue à redresser le physique et le moral de l'homme. Cette direction supérieure donnée à l'enseignement ne peut être efficace entre les mains de l'État que s'il choisit les agents de l'instruction publique. Il doit encore avoir sous sa direction les écoles des mines et les écoles des ingénieurs, afin de former des hommes capables d'exploiter les richesses enfouies dans le sol, d'endiguer les fleuves, de construire des ponts, de disposer les irrigations, d'établir des voies navigables, des routes et des chemins de fer, enfin de suffire à toutes les fonctions nationales.

De ces divers actes de l'exécutif, plusieurs exigent des décisions nettes et promptes, certaines veulent le secret, le grand nombre demande l'unité d'action. Or, la promptitude, le secret et la précision des actes ne peuvent s'obtenir que par une volonté s'incarnant dans un fonctionnaire supérieur. La puissance ainsi concentrée a pour contre-poids la responsabilité. Mais nul n'est responsable s'il n'a la liberté d'action, et cette liberté ne saurait exister pour le chef du pouvoir exécutif s'il ne peut choisir et nommer ceux qui doivent exécuter ses ordres.

A côté d'un pouvoir exécutif supérieur il faut un pouvoir judiciaire égal, afin que chacun puisse obtenir réparation de dommages causés par l'État. L'observation montre, comme la théorie, que, chez les nations dépourvues de tribunal d'État, l'individu, la commune et la province ne peuvent obtenir justice contre les fonctionnaires supérieurs qui se prévalent de leur position comme d'un privilége, comme d'un brevet d'inviolabilité. Alors les fonctions publiques produisent une véritable aristocratie chez laquelle l'impunité multiplie les prévarications et les abus de pouvoir.

Le tribunal d'État doit mettre fin à tous ces désordres en maintenant la justice, le droit et l'égalité entre le plus haut fonctionnaire et le plus humble des citoyens; en jugeant sur appel toute espèce de procès, ceux des communes, ceux des provinces et même ceux des particuliers. Sa grande mission consiste à interpréter les lois et les statuts, à maintenir intacts les droits et les libertés, afin que nul des éléments de la vie sociale ne soit absorbé ou détruit. Ses décisions sont souveraines et ne sauraient être entravées par un autre pouvoir. Quand elles rencontrent de la résistance, l'exécutif leur doit l'appui de la force à peine de forfaiture et de haute trahison.

Il est bon d'observer ici combien les pouvoirs se simplifient à mesure qu'ils s'élèvent et s'agrandissent. Surchargés dans la commune de tous les détails de la vie intime, il n'embrassent déjà plus dans la province que des intérêts très-étendus, pour se concentrer dans l'État sur le petit nombre des intérêts généraux. Cette progression et cette hiérarchie des gouvernements est indispensable à la vie sociale, car l'État est incapable d'administrer un nombre infini de communes ou même de connaître exactement les besoins d'une centaine de provinces, tandis qu'il peut apprécier avec facilité les besoins de la nation. Ce qui est vrai dans l'ordre politique, l'est également dans l'ordre économique. On connaît les détails infinis de la production, de la consommation et de la circulation communales ou provinciales, les mêmes fonctions se simplifient en devenant nationales.

La production de l'État ne saurait procéder de le terre, des petits cours d'eau, des étangs, lacs, mines et autres instruments dévolus aux communes ou aux provinces, elle ne peut venir que des instruments nationaux, tels que fleuves, mers, pêches et salines, auxquels il faut joindre l'air, l'humidité, la chaleur et la lumière qui, en leur qualité d'agents généraux de la nature, ne peuvent relever que de ce qu'il y a de plus général dans la nation. S'ils contribuent pour une part dans la production du sol, cette part appartient à l'État. Mais le soleil, l'air et la pluie ne se contentent pas de produire; ils détruisent trop souvent et il est juste que l'État, faisant valoir son droit de gain, accepte son devoir de perte et supporte le déficit produit dans les récoltes par les intempéries de toute espèce. Il en résultera un régime naturel d'assurances agricoles et le cultivateur sera certain de recueillir le fruit complet de son labeur.

Du moment où l'État supporte les pertes produites par la gelée, la grêle, les inondations et autres agents naturels de destruction, il est en droit de les combattre et d'employer une part de ses revenus aux travaux préservatifs que recommande la science. Ceci ne saurait se faire sans l'assentiment du pouvoir de consommation qui, après avoir soldé les appointements du petit nombre de fonctionnaires supérieurs, limite les dépenses du pouvoir de production et ne permet pas qu'elles dépassent les revenus. Il est responsable des richesses qu'il encaisse et il est disposé aux économies, tandis que le pouvoir chargé de la production est toujours enclin aux dépenses productives.

Vient ensuite le pouvoir de circulation, qui, disposant des ports de mer, des grandes voies fluviales et des routes nationales, est en mesure d'imprimer au commerce d'importation et d'exportation toute l'activité nécessaire. Ses magasins généraux consistent en de vastes entrepôts disposés sur les frontières et dans les régions les plus favorables au commerce, en des approvisionnements faits d'après les statistiques les plus exactes et combinés pour que le commerce intérieur ou étranger puisse y trouver tout ce qu'il désire ; que les entrepôts de la nation correspondent avec ceux de ses colonies ou avec des comptoirs répartis sur toute la surface du globe ; que le transport et la navigation entre ces divers points commerciaux se fassent par l'intermédiaire des particuliers et par des navires nationaux ou étrangers, rien de plus naturel ; l'important est qu'il n'y ait fraude ni sur la qualité ni sur la quantité de la marchandise, et que le transport se fasse au prix de revient. S'il en est autrement, si la circulation devient un agent de lucre, elle élève outre mesure le prix des choses transportées et nuit d'autant à la production et à la consommation qu'elle a mission de favoriser.

Une grande publicité est l'auxiliaire indispensable de la circulation nationale, car les intéressés, au lieu d'être maintenus dans l'ignorance qui est nécessaire au succès des spéculateurs, doivent être constamment au courant du prix moyen, de la qualité et de la quantité de la marchandise disponible. C'est le seul moyen d'éviter les crises commerciales, d'empêcher les bénéfices scandaleux de la spéculation et de maintenir la richesse publique et individuelle dans un état permanent de prospérité.

Dans une nation où les rapports de l'individu, de la famille, de la commune, de la province et de l'État sont déterminés par les rapports naturels du droit, de la justice, de l'égalité et de la liberté, il est impossible que la vie humaine ne prenne pas une extrême intensité. Elle est préservée, par la loi d'organisation, des antagonismes et des conflits qui agissent toujours au profit de la mort, elle est poussée, par le concours des mœurs et des institutions, à mettre ses forces au service de la civilisation; elle est dirigée incessamment vers le bien, elle est éloignée du mal, elle dispose des grandes facultés que lui donnent les êtres collectifs, elle arrive forcément à la grandeur qui, plus que la félicité, doit être le but où tendent les efforts de l'humanité. L'épicurisme n'est pas plus vrai que le stoïcisme; le seul vrai système est celui qui condense dans la vie humaine comme dans une résultante unique, la force, la vertu, le savoir, le sentiment poétique, la bonté et la félicité. Et que nul ne dise ces choses incompatibles! il prononcerait un blasphème, car une vérité est toujours le complément d'une autre vérité, car la force, le savoir, le sentiment et la bonté sont nécessaires à la vertu, autant que la vertu leur est nécessaire, car la félicité n'est que l'accord des diverses portions de l'idéal.

Laissons les vaines déclamations contre la perversité humaine, et cessons les puériles tentatives pour rendre bons, avec des sermons ou des traités de morale, ceux que tout conduit au mal. L'homme est bon dans les conditions de la bonté, il est mauvais dans les conditions de la méchanceté; exactement comme il a la santé dans les contrées salubres, et la maladie dans les contrées insalubres. Si l'on veut qu'il prospère, il faut le faire vivre sous sa loi, et si l'on veut obtenir cette loi il ne suffit pas de réunir quelques centaines d'hommes qui représenteront des partis opposés ou des intérêts distincts et qui chercheront à arranger les choses pour leur plus grand bénéfice : il faut une science sociale, exactement comme il faut une chimie pour connaître l'enchaînement des lois chimiques.

Quand la science sociale existera, elle s'imposera aux peuples comme s'imposent les autres sciences;

elle fera cesser rapidement la guerre des partis qui représentent une portion de la vérité et ne veulent, à aucun prix, reconnaître la part de vérité que représentent leurs antagonistes ; elle déterminera, avec une puissance irrésistible, la forme des gouvernements, les rapports des pouvoirs et les relations des diverses personnes sociales. L'individu, loin de subir l'oppression des colosses qui l'entoureront, trouvera dans l'association le moyen de refréner partout l'organisation, de lui tenir tête, de lui faire concurrence et de l'entraîner ainsi dans la voie du progrès. La force privée, au défaut de la force publique, saura faire la police et maintenir l'ordre ; l'arbitrage complétera ou même remplacera les décisions du judiciaire, les mœurs établiront leurs ordonnances en face des ordonnances du législatif, l'instruction privée fera concurrence à l'instruction publique, les producteurs coalisés lutteront contre les prétentions de l'instrument, les consommateurs, dans la société coopérative, sauront ramener la circulation et la consommation à leurs conditions normales si elles voulaient s'en écarter, enfin, l'individu gardera les moyens de défendre partout son droit et sa liberté.

VI

DE LA FÉDÉRATION.

Il suffit d'entrevoir la loi d'organisation pour se convaincre que la vie sociale ne doit pas s'arrêter à la nationalité. Le jour viendra certainement où les peuples, guidés par une sage hygiène, cesseront d'être souffreteux et maladifs ; où ils seront délivrés des vices moraux que donnent les vices organiques, où ils cesseront de fonder leur prospérité sur le mal d'autrui. Alors ils comprendront leur solidarité politique et économique ; ils se rapprocheront et deviendront, sous l'empire de la loi qui fait les nouvelles vies, un organisme fédéral. La fédération, en conservant précieusement les originalités qui caractérisent les peuples actuels, donnera naissance à une civilisation qu'il est impossible de mesurer à l'avance, parce qu'elle sera la combinaison de langues, de sciences, d'arts et de génies actuellement divisés. Que deviendra l'individu quand il aura sa part d'une vie sociale comprenant plusieurs centaines de millions d'hommes? C'est ce que nul ne peut dire. L'imagination peut se donner carrière; il est douteux qu'elle atteigne la réalité.

Le malheur est que le progrès social use les générations, et qu'il faut des hommes nouveaux à toute action nouvelle. Des siècles passeront peut-être avant qu'il n'y ait des nations véritablement saines et capables d'organiser la véritable fédération.

Il faut, en attendant, que les nations vivent en présence les unes des autres et qu'elles préparent leur organisation à venir en acceptant les principes généraux qui règlent les rapports des individus, des communes et des provinces. Ces rapports, à un degré supérieur, sont précisément ce qui représente la fédération.

Si l'individu, par cela seul qu'il est un être moral et libre, se trouve doué de souveraineté et d'inviolabilité ; si les conditions de la vie d'un être souverain et inviolable aboutissent nécessairement au droit naturel et imprescriptible, combien plus grand et plus sacré est le droit d'une nation qui renferme quatre degrés de souveraineté, qui renferme un génie spécial, une part de civilisation destinée à mourir de sa mort. Employer la force au viol d'une nation, en occupant son territoire, est certainement une des grandes hontes de l'humanité, enlever la nationalité d'un peuple pour lui en donner une autre même plus élevée et plus complète, c'est user d'une violence criminelle; mais prendre une nationalité sans en donner une autre en échange, faire d'un peuple un esclave, c'est commettre un de ces crimes monstrueux qui bouleversent la conscience.

L'histoire de l'avenir, celle qui pèsera dans la balance d'une véritable justice les actes des nations, imprimera une tache de honte indélébile au front de celles qui auront abusé de la force, qui auront cherché leur grandeur dans la conquête. Mais avant cette époque, la loi d'équilibre et de justice providentielle qui gouverne toute chose ici-bas, a converti depuis longtemps les Lacédémoniens en ilotes, les Athéniens en flatteurs serviles d'Alexandre et des Césars, la Rome antique en prostituée de tous les barbares. L'Espagne sait, à cette heure, ce que lui coûte son impitoyable conquête de l'Amérique du Sud ; la France sait ce que lui ont valu ses marches triomphales à travers l'Europe ; l'Allemagne saura quelque jour combien il est dangereux de conquérir sur l'Italie, sur la Hongrie, sur la Pologne, sur la Bohême et la Scandinavie ; la Russie devra payer ses immenses conquêtes, et l'Angleterre pleurer en larmes de sang l'ilotisme imposé à l'Irlande et aux innombrables populations de l'Inde.

La grande nation, celle qui doit survivre et devenir le noyau de la fédération générale, saura se lever indignée et jeter hors de son territoire les hordes armées qui l'auront envahie ; mais elle se gardera d'user de représailles et de condamner ses adversaires aux maux de l'invasion. Elle s'arrêtera comme devant une barrière infranchissable en présence de toutes les frontières, elle respectera le faible à l'égal du plus fort, elle imposera aux peuples, par son exemple, par ses principes et par sa force, les rapports de justice et de liberté qui existent entre les citoyens. Peu à peu surgira, sous son influence, le véritable droit international, non pas celui qui se nie lui-même en accolant son nom à la guerre et à la conquête ; qui organise le meurtre et le pillage, qui fait brûler les villes, confisquer les biens et asservir les populations selon des formes déterminées ; mais le droit qui enlève à la nation, la plus puissante, l'autorisation de tuer un homme, de brûler une maison ou de confisquer un bœuf. Quand ces principes prévaudront, le canon et l'épée seront choses inutiles et les peuples, en renonçant aux barbaries du duel, pour vider leurs différends, devront accepter l'arbitrage d'un tribunal. Un tribunal veut une loi dont les formules supposent elles-mêmes un pouvoir délibératif. Les jugements veulent à leur tour l'appui de la force et la formation d'un pouvoir exécutif. Un gouvernement international est ainsi produit par la loi naturelle des choses.

Du moment où les nations sont mises à l'abri de la violence et dispensées des armements qui les épuisent, chacune se développe selon son aptitude et son génie, sans pouvoir franchir les limites de la science, de la morale et du droit ; chacune réagit sur ses voisines et reçoit une réaction équivalente ; toutes finissent par concourir à leur vie réciproque et par devenir un organe de la fédération. Mais ce dernier terme de la sagesse et de la puissance humaines suppose que des peuples ont accepté la loi sociale; il suppose que plusieurs ont répudié les barbaries dont les plus civilisés ne sont pas exempts à cette heure. L'esprit de l'homme peut pressentir cette grande époque, mais non pas dire en quel siècle elle surgira.

CONCLUSION ET RÉSUMÉ

L'idée mère de ce livre est née de l'analyse des principes de la Révolution française et de l'étude des constitutions dont les peuples se montrent si fiers. Il suffit d'avoir quelque peu l'instinct de la logique pour apercevoir en tout cela une série de contradictions qui se retrouvent dans la législation et dans l'économie sociale. Rien n'est défini ou fixé : pas plus le droit que la loi ou la propriété. Ces éléments de toute civilisation, au lieu de s'organiser en une seule série, par leurs rapports naturels, et de se transformer en principes d'ordre et d'harmonie, ne sont encore qu'antagonisme et anarchie.

En de telles conditions, il peut y avoir un art de gouverner, mais une science sociale est impossible, malgré tout ce que peuvent dire les hommes d'État. Le jour où elle existera, les diverses nations n'auront qu'une seule législation comme elles n'ont qu'une même loi physique, chimique ou mathématique. Mais de grands obstacles s'opposent à la venue de la *Sociologie*. Auguste Comte, en la mettant à la suite des autres sciences, lui assigne sa place naturelle, car elle résume les connaissances humaines au même titre que l'homme, le dernier venu de l'histoire naturelle, résume le monde vivant. Une telle place est certainement fort honorable, mais elle suppose que, sous peine de n'être pas, la science morale ne peut se mettre en contradiction avec la morale, la logique et la biologie qui l'avoisinent de plus près et qui sont autant de pierres de touche dont elle doit soutenir victorieusement l'épreuve. La difficulté du travail dit pourquoi il avance si peu, mais ce qui le dit mieux encore, c'est l'obstination des hommes à faire de la société une abstraction que chacun peut concevoir de mille manières, quand elle est un être corporel, palpable et vivant, une réalité soumise à l'analyse et à la dissection, un animal d'ordre supérieur auquel on est certain de pouvoir appliquer la série des lois découvertes par la biologie. Cette dernière science finit au moment où les forces organiques, d'abord élémentaires, ont progressé et se sont concentrées dans la formation de l'être humain. La sociologie commence quand l'individu, quand l'être vivant et complet est conduit par ses instincts, idées, affections et sentiments à se combiner dans un système de vie supérieure et à produire les organismes de famille, commune, province et nation. Chaque degré de cette progression voit grandir les facultés sociales telles que la langue, la science, l'art, l'industrie et le commerce, toutes choses qui dépassent les forces de l'individu isolé et n'apparaissent jamais chez lui, même à l'état élémentaire. Il y participe, au contraire, dans les organismes supérieurs, comme les organes du corps humain participent à la vie que chacun d'eux est incapable de produire, comme le muscle participe à la volonté, comme la main participe à l'intelligence.

Entre ces organismes qui s'étagent les uns au dessus des autres et partent de l'individu pour arriver à la nation, il y a forcément organisation, autrement dit, part de vie nettement définie pour chacun. Si l'un prend plus qu'il ne lui revient, l'autre sera spolié d'autant, la loi d'organisation sera violée et la maladie sociale ne peut manquer d'apparaître. Il y aura santé, au contraire, et développement de toutes les facultés, si chaque organisme obtient ce qui lui est dû légitimement dans la vie. Analyser chaque organisme depuis l'individu jusqu'à la nation, établir ses rapports avec ceux qui sont placés au dessus ou au dessous de lui, mesurer ses facultés et donner à toutes une satisfaction légitime, c'est arriver forcément à la loi sociale.

L'individu doué de raison, de volonté, et de moralité sort manifestement des conditions de la brute et devient une personne. Il possède dès lors la souveraineté de soi-même et l'inviolabilité. Les conditions de vie d'un être inviolable et souverain sont les droits qui persistent autant que les organes et les fonctions dont ils sont la représentation morale.

Reconnaître des droits à la personne, c'est lui en attribuer l'exercice, car elle seule est juge du moment opportun de les faire valoir ; or, l'exercice facultatif du droit est la liberté sociale.

La loi d'organisation exige donc dans la société que l'individu, en qualité de personne inviolable et souveraine, soit délivré de l'esclavage, du servage et du prolétariat; elle exige, entre les droits et devoirs individuels, un équilibre assurant à tous leur intégrité et se résumant dans la justice, elle exige entre toutes les libertés des rapports d'équilibre et de justice se résumant dans l'égalité. La souveraineté, la justice et l'égalité deviennent ainsi la conséquence de la personnalité, du droit et de la liberté.

Mais ce qui procède de l'individu représentant le premier degré de la personne sociale, procède à plus forte raison de la famille, de la commune, de la province et de la nation, qui sont la personne sociale au 2e, 3e et 4e degré; toutes sont douées de souveraineté, de droit et de liberté; toutes réclament l'inviolabilité, la justice et l'égalité; toutes veulent que la société dans son ensemble respecte les lois de leur être.

Si l'on cherche le guide de l'individu prétendant user de sa souveraineté, de son droit et de sa liberté sans attenter à la souveraineté, au droit et à la liberté d'autrui, on trouve le sens moral qui donne *à priori* la notion du bien et du mal, on trouve la raison qui sait mesurer les actes et prévoir leurs conséquences, on trouve la volonté qui sait lutter contre le mal jusqu'à la mort. Ces pouvoirs de l'individu sur lui-même le rendent responsable de sa liberté et lui assurent la direction de sa vie de relation, de même il possède seul le pouvoir de diriger sa vie organique, parce que seul il ressent les instincts, besoins et appétits qui sont la voix des organes sollicitant ce qui est nécessaire à leur entretien.

Admettre ainsi chez la personne individuelle, comme condition de la souveraineté, du droit et de la liberté, les pouvoirs organiques et de relation, c'est les admettre forcément chez les personnes collectives qui ont le même intérêt à les exercer. Il faut donc une raison, une conscience et une volonté sociales, comme une assimilation, une circulation et une nutrition sociales, parce que les principes de la biologie affirment, à l'avance, que la commune, la province et la nation, en leur qualité d'organismes, ne sont que l'individu agrandi. Les pouvoirs sociaux naissent de la force des choses et se manifestent soit sous la forme politique avec le délibératif, le judiciaire et l'exécutif; soit sous la forme économique avec la production, la circulation et la consommation.

Du moment où ils représentent la souveraineté, les pouvoirs sont inviolables comme les personnes. Loin de s'exclure ou de s'absorber, ils sont complémentaires, ils se soutiennent et se supposent réciproquement comme la province suppose la commune et comme la nation suppose la province. La loi d'organisation veut donc que les pouvoirs jouissent, chacun en ce qui le concerne, de la part de souveraineté dévolue à l'ensemble de l'organisme social qui leur donne naissance; elle veut, en outre, que chaque pouvoir se renferme dans ses attributions et se garde d'empiéter sur ses voisins. S'il en est autrement l'état social sort de ses conditions normales et le désordre se produit. L'ordre règne, au contraire, quand chaque pouvoir, obtenant la part d'influence que lui assigne la loi d'organisation, peut établir, avec ses congénères, les rapports nécessaires à la vie.

D'autres considérations sont inutiles pour démontrer combien est importante la formation des pouvoirs.

Il suffit de considérer que la commune est formée par l'organisation des familles et des individus pour savoir, à l'avance, que la souveraineté communale naît des souverainetés individuelles et familiales. Mais l'individu, en tant que souverain, ne peut déléguer à la commune une part effective de sa souveraineté, que par un acte libre et spontané. Aussi le suffrage de l'être doué de raison, de moralité, de volonté et de besoins organiques, est-il nécessaire pour rendre effectifs les pouvoirs politiques et les pouvoirs économiques qui correspondent aux facultés capitales de la vie organique ou de la vie de relation chez l'individu.

De même une délégation, par voie de suffrage, des facultés de la personne communale, peut seule établir les pouvoirs provinciaux, dont le suffrage établira les pouvoirs nationaux. Procéder autrement serait se mettre en dehors des lois de la logique et de l'organisation, exigeant que l'individu forme la commune, dont la force peut être écrasante pour lui, que la commune forme la province, que la province forme la nation, et que chaque organisme en déléguant une part de sa souveraineté à la souveraineté supérieure, se mette en garde contre la tyrannie. Il est contraire aux rapports naturels que la commune use, au détriment de l'individu, de la puissance qu'elle tient de l'individu, cependant la chose peut et même doit se produire, si les mandataires ne sont pas obligés de rendre compte de leurs actes à ceux qu'ils représentent, d'où la nécessité pour tous les détenteurs du pouvoir de comparaître, à des époques plus ou moins rapprochées, devant l'assemblée de leurs électeurs, qui seuls ont mission de confirmer ou d'infirmer leur mandat; les élus de la commune comparaissant devant l'assemblée des individus, les élus de la province comparaissant devant l'assemblée des communes, les élus de la nation comparaissant devant l'assemblée des provinces.

Mais le suffrage à plusieurs degrés et le droit de demander compte de leurs actes aux mandataires des souverains, ne sont pas seuls chargés de la défense de la liberté; un autre défenseur se trouve dans l'équilibre des pouvoirs et dans la spécialité de leurs fonctions. Le délibératif qui respecte la morale, le droit et la justice, sans lesquels il n'a pas de raison d'être, peut réglementer l'action communale, provinciale et nationale, pour la plier aux circonstances diverses qui naissent des temps et des lieux. Si dans les règlements qu'il promulgue, une atteinte est portée, soit aux lois naturelles de la société, soit à la liberté des individus, le véto du pouvoir judiciaire suspend l'action du règlement, jusqu'au moment où l'assemblée des électeurs juge le litige en dernier ressort. Un autre moyen d'empêcher la tyrannie du législatif, c'est de lui enlever l'application de ses décrets et d'en charger l'exécutif, qui ne peut lui-même user de la force, dont il est dépositaire, sans occuper dans la société la position subalterne des muscles et des os dans le corps humain. Malgré la précaution de séparer nettement du pouvoir qui joue le rôle de la raison humaine et décide de l'opportunité des actes sociaux, le pouvoir qui a mission d'agir et d'exécuter, il arrivera souvent que la personne sera blessée dans sa liberté ou ses intérêts. Encore dans ce cas, il faut que le pouvoir judiciaire intervienne et défende le droit de chacun. La mission, ainsi dévolue au judiciaire de contenir les autres pouvoirs dans les bornes de la loi sociale, suppose les facultés que donnent une grande instruction, la force du caractère et l'absence de passions. Il est donc naturel que le candidat aux fonctions judiciaires soit honnête, ferme et savant. Ne participant en aucune façon au pouvoir exécutif et au pouvoir délibératif, il ne peut aspirer à la tyrannie, surtout s'il y a appel de ses décisions à la juridiction supérieure. C'est parce que la justice est une fonction difficile, qu'elle a droit d'exiger du juge des épreuves et qualités spéciales, et de soumettre aux éternelles lois de l'équité la répression des crimes et délits.

Viennent, en dernier lieu, les pouvoirs économiques ou administratifs. Ils n'existent pas dans les sociétés modernes parce qu'elles méconnaissent, en partie, les véritables caractères de la propriété et parce qu'elles abandonnent à l'individu la circulation qui est une fonction sociale, et doit, avant tout, maintenir les rapports de la production à la consommation.

La propriété qui implique le droit de disposer souverainement ne peut résulter chez l'individu que de la production. Il n'y a liberté et justice économiques que là où le citoyen peut consommer tout ce qu'il produit, et seulement ce qu'il produit. S'il se livre à un labeur dont il ne recueille pas intégralement les fruits, il est victime d'une spoliation et subit une servitude; s'il recueille les fruits du labeur d'un autre il passe immédiatement dans la classe des spoliateurs et des oppresseurs; d'où la nécessité, pour la véritable propriété individuelle, d'être en raison directe de la production; celui qui produit beaucoup ayant beaucoup, celui qui produit peu ayant peu, celui qui ne produit rien n'ayant rien.

Réaliser un pareil programme, c'est supprimer du même coup le luxe, la paresse, et, par suite, la misère.

Tout ce qui se produit peut donc faire partie de la propriété individuelle; mais si l'individu est toujours maître de travailler, la personne collective n'est pas dans le même cas, puisque ses membres se réservent le fruit intégral de leur labeur. Il faut donc à la commune, à la province et à l'État, une propriété telle que sa production ne soit pas le résultat direct du travail. Cette propriété existe en effet, elle est représentée par les produits de l'air, de l'eau, de la terre, de la vapeur, du calorique, de l'électricité, du capital, etc., autrement dit, de l'instrument du travail. Quand cet instrument devient propriété individuelle, il permet à l'individu de s'enrichir sans travailler, de consommer ce qu'il n'a pas produit, d'imposer à autrui le labeur dont il se dispense, de vivre dans un luxe qui aura pour compensation la misère, de devenir un parasite social et de fausser le droit, la justice et la liberté. Quand l'instrument devient la propriété de la personne collective, sa production suffit à toutes les dépenses sociales, l'impôt est supprimé avec les atteintes qu'il porte à la liberté et à la propriété, le droit au travail de l'individu trouve chez la société le devoir corrélatif de fournir les agents du travail; la production individuelle et la production collective grandissent simultanément, elles ont les mêmes intérêts, car l'individu ne peut s'enrichir par l'usage des instruments sans enrichir la société dans les mêmes proportions.

Mais, pour que l'abondance se trouve chez le travailleur, il ne suffit pas qu'il produise beaucoup, il faut qu'avec une seule production il puisse se procurer les objets variés que demande sa vie, il faut que les conditions de l'échange soient réalisées. Ceci est le fait de la circulation, qui doit mettre partout l'offre en présence de la demande, la production en présence de la consommation.

Une fonction qui exige, au moins en partie, l'usage du crédit et de la monnaie ne peut être individuelle. Ses conditions ne sont remplies que si, à l'imitation de la circulation des êtres vivants qui comprend tout le sang de l'organisme, elle comprend toute la production de la société et la met partout en présence de la consommation, que si elle évite la pléthore et l'anémie en attribuant à chaque organe une somme de produit égale à celle qu'il lui fournit, et en réservant, pour les jours de disette, le trop-plein des jours d'abondance.

Des vaisseaux ou magasins institués dans tous les centres de population et communiquant entre eux par les artères que représentent les chemins, routes et canaux, sont des organes nécessaires de la circulation économique. Faisant partie d'un même système ils sont en mesure d'établir une statistique exacte de toutes les marchandises qu'ils contiennent, de connaître où il y a engorgement, où il y a disette, et de compenser l'un par l'autre, enfin de mettre partout l'offre en présence de la demande. Ouverts à la propriété de l'individu qui, grâce au droit au travail, est toujours maître de produire, ils livrent, contre un produit quelconque, un titre qui en atteste la valeur, et un bon d'échange permettant d'acheter dans tous les magasins de la nation. Le bon d'échange est une monnaie d'une sûreté absolue, puisqu'elle représente une somme de marchandises toujours supérieure à son titre, et qu'elle porte la signature de la nation ; elle n'entraîne aucun des frais que comporte le métal, elle suffit à toutes les nécessités de l'achat ou de la vente, elle est le complément de la gratuité du crédit, enfin elle favorise le caractère abstrait du signe de la valeur qui ne peut se fonder sur l'or ou sur l'argent sans être subordonné à toutes les fluctuations de ces marchandises.

Pour être complète, la circulation sociale doit être en mesure d'éviter l'avilissement ou la cherté des produits de la terre, au moyen de caves et de silos retirant de la circulation, pendant les années de grande abondance, une partie des vins, blés, etc., afin de proportionner toujours l'offre à la demande, restituant à la circulation, pendant les années de disette, ce qui lui aura été soustrait, afin que les choses demandées ne soient pas en disproportion avec ce qui est offert.

Ainsi fondés sur la véritable propriété et la véritable circulation, les pouvoirs économiques sont en mesure de remplir les fonctions sociales, d'administrer les instruments du travail, de les améliorer et de les maintenir à la portée des producteurs, de mettre les recettes en présence des dépenses, d'établir les budgets communaux, provinciaux et nationaux, d'élever la richesse générale à son plus haut point, de réduire le labeur autant que le comportent les lois de la production, enfin de donner à l'espèce humaine la somme de loisirs que demande le développement de l'être physique et moral.

La puissance des pouvoirs économiques est considérable, mais l'abus qu'ils en peuvent faire est réprimé par le pouvoir judiciaire et surtout par l'obligation de rendre des comptes en présence de l'assemblée des électeurs.

Dans ce résumé rapide on voit que les institutions de l'ordre politique et de l'ordre économique sont partout conformes au principe d'organisation et aux fonctions qu'elles doivent remplir; on voit que toutes découlent les unes des autres et surgissent comme éléments de vie; on les voit se conformer à la logique, à la morale, à la justice et à la raison, parce que l'homme, reproduit dans des organismes collectifs, et élevé à sa deuxième, troisième et quatrième puissance, ne peut être qu'un enchaînement merveilleux de forces et d'harmonies.

FIN.

TABLE DES MATIÈRES

BIBLIOTHÈQUE IMPÉRIALE IMPR.

LIVRE PREMIER

LIVRE DEUXIÈME.

LIVRE TROISIÈME.

LIVRE QUATRIÈME.

LIVRE CINQUIÈME.

BIBLIOTHÈQUE IMPÉRIALE
IMPR.

FIN DE LA TABLE.

IMPRIMERIE L. TOINON ET Ce, A SAINT-GERMAIN.

www.ingramcontent.com/pod-product-compliance
Ingram Content Group UK Ltd.
Pitfield, Milton Keynes, MK11 3LW, UK
UKHW012015240726
13965UKWH00002B/383